Harald Knauss

Feng Shui für Heimtiere

Mit Fotos bekannter Tierfotografen
Zeichnungen: Heidemarie Vignati

INHALT

TYPISCH
SENSIBLER UMGANG MIT

- **Lernen Sie, das Verhalten Ihres Tieres besser zu verstehen.**
- **Erkennen Sie, welche Energien Ihr Tier mitbringt.**
- **Gestalten Sie seinen Lebensraum optimal.**
- **Harmonisieren Sie die Energien des Umfeldes zum Wohl Ihres Tieres.**
- **Steigern Sie mit Hilfe der Übungen am Ende dieses Buches Ihre Sensibilität für das Tier.**

Das Westliche Feng Shui für Heimtiere wurde aus alten Weisheiten entwickelt, mit deren Hilfe deren Lebensumfeld erstmals vom energetischen Standpunkt aus betrachtet wird. Jedes Tier kann einem bestimmten Element zugeordnet werden und hat daher ganz spezielle energetische Bedürfnisse. Sein Lebensraum wird in sechs Komfortzonen aufgeteilt, die je nach Tätigkeit mehr oder weniger ideal sind. Auch Himmelsrichtungen und Planeten beeinflussen das Tier. Durch Beispiele und Tabellen erfahren Sie, wie Ihr Heimtier optimal gehalten werden kann – und was es über Sie selbst aussagt.

DEN KLEINEN FREUNDEN

ENTSCHEIDUNGSHILFEN

1 Der Feuer-Typ

Sind Sie sehr aktiv?
Lieben Sie Bewegung?
Kann man Sie schnell begeistern?
Übernehmen Sie gerne die Führung?
Neigen Sie zu Ungeduld?

✔ Treffen die meisten Punkte auf Sie zu, sind Sie ein Feuer-Typ. Wählen Sie besser ein Tier, dessen Charakter vom Element Luft geprägt ist. Ein Vogel wird Ihnen Flexibilität und Verständnis bringen. Beim Spielen mit ihm können Sie Ihre Energien vorteilhaft einsetzen.

2 Der Wasser-Typ

Sind Sie vielseitig interessiert?
Neigen Sie zu Nachgiebigkeit?
Fallen Ihnen Entscheidungen schwer?
Sind Sie eher sensibel?
Haben Sie oft starkes Mitgefühl?

✔ Treffen die meisten Punkte auf Sie zu, sind Sie ein Wasser-Typ. Wählen Sie besser ein Tier, dessen Charakter dem Element Erde oder auch Luft entspricht. Ein Reptil wird Ihnen innere Stabilität und Richtung geben, ein Vogel Distanz verleihen.

3 Der Erd-Typ

Sind Sie eher erdverwurzelt?
Kann Sie so schnell nichts erschüttern?
Sind Sie sehr pflichtbewusst?
Setzen Sie sich durch?
Ist Ihnen Gerechtigkeit überaus wichtig?
Fressen Sie gerne Probleme in sich hinein?

✔ Treffen die meisten Punkte auf Sie zu, sind Sie ein Erd-Typ. Wählen Sie in diesem Fall besser ein Tier, das vom Wesen her dem Element Feuer oder Wasser entspricht. Eine Katze, ein Hund oder Nagetier wird Sie aktivieren, Fische werden dagegen Ihre Kreativität anregen.

4 Der Luft-Typ

Sind Sie neugierig?
Reden Sie gerne viel?
Hassen Sie jede Routine?
Weichen Sie gerne Verpflichtungen aus?
Fällt es Ihnen schwer, Dinge umzusetzen?
Neigen Sie zu Nervosität?

✔ Treffen die meisten Punkte auf Sie zu, sind Sie eher ein Luft-Typ. Suchen Sie sich ein Tier, das dem Feuer- oder Wasser-Element entspricht. Eine Katze, ein Hund oder Nagetier wird Ihnen Begeisterung verleihen, Fische eine starke gefühlsmäßige Bindung.

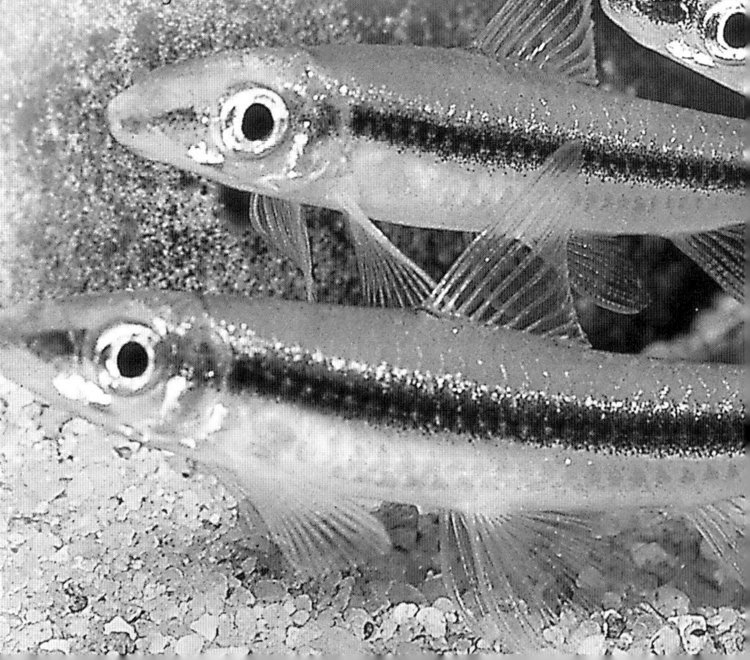

Welches Elemente-Tier passt zu mir?

Jeder Mensch trägt von Natur aus alle Elemente in sich, aber es gibt doch stets eines, das die Führung über die anderen übernimmt. Anhand der links aufgeführten Charakteristika können Sie herausfinden, welches Element bei Ihnen überwiegt. Haben Sie Ihren Typ gefunden, so können Sie dort auch nachlesen, welches Tier ausgleichend auf Sie wirkt.

Wenn Tier und Halter hingegen der gleichen Konstellation angehören, kann sich das oft ungünstig auswirken: Feuer-Tiere werden sich von der Energie eines Halters vom Feuer-Typ herausgefordert fühlen. Das Gerangel um den Führungsanspruch ist dabei schon vorprogrammiert! Natürlich kann man nicht grundsätzlich sagen, dass es gute und schlechte Verbindungen gibt. Gerade aus schwierigen Partnerschaften kann der Mensch extrem viel über sich selbst lernen. Aber man muss diese energetische Herausforderung dann auch im Interesse des Tieres annehmen und durchhalten können! Das ist oft nicht einfach. Auf der linken Seite finden Sie deshalb nur solche Verbindungen aufgeführt, in denen sich die Elemente harmonisch mischen.

WESTLICHES FENG SHUI FÜR TIERE

Während das Östliche Feng Shui inzwischen allgemein bekannt ist, wird das Westliche Feng Shui – das Wissen über Orte der Kraft – gerade erst wiederentdeckt. Auch bei uns gab es Kundige, die ideale Plätze austesteten, zum Beispiel für den Bau von Kathedralen.

Die Fähigkeiten der Tiere

Das Verhalten der Tiere gab und gibt dem kundigen Menschen Auskunft über die Strahlung eines Platzes: Bereits Römische Auguren folgten dem Flug des Schwarzspechtes, wenn es eine neue Stadt zu gründen galt, er zeigte den energetisch optimalen Standort an. Wildwechsel orientieren sich häufig am Verlauf von Wasseradern. Kranke Tiere suchen zur Genesung äußerst strahlungsaktive Plätze auf, die jedem gesunden Wesen schaden würden. Wo sich Bienen und Ameisen sammeln, herrscht eine starke Höheneinstrahlung. Vielleicht haben Sie auch schon davon gehört, dass Katzen am liebsten strahlungsaktive Plätze aufsuchen, Hunde sie dagegen meiden. Heimtiere, denen ein feinfühliger Halter die nötige Bewegungsfreiheit gibt, suchen sich den für sie idealen Platz. Schwieriger ist dies für jene Arten, die in begrenzten Lebensräumen gehalten werden. Deshalb ist das Westliche Feng Shui besonders wichtig für Tiere, die in Käfig, Terrarium oder Aquarium leben.

Die zwei Pfirsichköpfchen haben einen guten Platz zum Ruhen gefunden.

Die unsichtbare Energie

Wenn wir die Geheimnisse des Westlichen Feng Shui für Tiere lüften wollen, müssen wir ein klein wenig die Grundbegriffe der Energielehre kennen lernen: Unsere Welt ist durchdrungen von feinstofflicher Strahlung, die als Ätherenergie, Chi, Prana oder Odkraft bezeichnet wird, und die dynamisch, ausstrahlend, verteilend oder magnetisch, anziehend, sammelnd sein kann. Jedes Wesen, jeder Raum oder Gegenstand wird durch die Qualität dieser Energien geprägt und erhält dadurch das, was wir Ausstrahlung nennen. Jeder Platz hat eine bestimmte Energie, die aber nicht statisch ist, sondern beweglich und daher beeinflussbar. So ergibt sich zum Beispiel ein Zusammenklang zwischen der Energie eines Ortes und dem Wesen, das dort lebt. Auch werden alle Lebewesen durch die Schwingungen des Umfeldes beeinflusst. Tiere bevorzugen bestimmte Orte, wenn sie fressen, spielen, ruhen, kommunikationsbereit sind – und auch wenn sie sterben. Manche Tiere scheuen bestimmte Orte oder Gegenstände, was wir zunächst nicht verstehen. Sie haben einen Grund, und es ist an uns Menschen, ihn herauszufinden. Dieses Buch wird Ihnen auch dabei helfen.

Die Fünf Elemente

Wie die chinesische geht auch die westliche Philosophie von Fünf Elementen aus, wobei jedoch Unterschiede in der Benennung bestehen. Nach Aristoteles setzen sich Körper aus den Vier Elementen Feuer, Luft, Wasser und Erde zusammen. Das fünfte ist unsichtbar, es ist die »Quintessenz«, die Energie, aus der das Leben hervorgeht, die alles beseelt. Auch Tiere sind aus den Vier Elementen geschaffen: Wenn wir ein Tier halten, müssen wir wissen, dass es vor allem die Energie des bei ihm vorherrschenden Elements verbraucht. Wohnen Sie mit einem Feuer-Tier in einer Landschaft, die von Wasser geprägt ist, so werden Sie immer wieder das Feuer-Element unterstützen müssen, damit Ihr Liebling gesund bleibt. Energetische Disharmonie kann auch entstehen, wenn ein Element zu stark wird: Zu viel Feuer etwa entfacht Wut oder Aggression – das Wasser wirkt hier dämpfend. Hilfestellung geben dabei der fördernde und der hemmende Kreislauf der Elemente. Den fördernden finden Sie in der Zeichnung außen: Die Quintessenz belebt das Wasser, das Wasser befeuchtet die Luft, die Luft entfacht das Feuer, das Feuer wärmt die Erde, die Erde nährt die Quintessenz. Den hemmenden Kreislauf finden Sie im Zentrum: Die Quintessenz verbraucht die Luft, die Luft erodiert die Erde, die Erde begrenzt das Wasser, das Wasser löscht das Feuer, das Feuer verbrennt die Quintessenz.

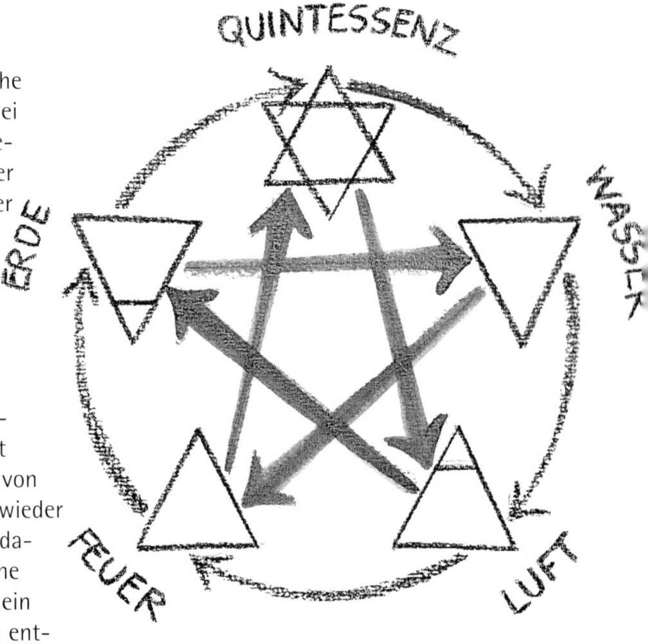

Der fördernde (außen) und kontrollierende (innen) Kreislauf der Fünf Elemente Quintessenz, Wasser, Luft, Feuer und Erde.

Die Tiere den Elementen zuordnen

Die erste grobe Unterteilung entsteht durch den Lebensraum, in dem die Tiere leben: Vögel gehören zum Element Luft, Fische zum Wasser, Reptilien zur Erde und Säugetiere zum Feuer. Die nächstfeinere Unterteilung geschieht durch die Tierarten: Bei den Säugetieren etwa ergibt sich eine Differenzierung durch die Kombination des Feuers mit anderen Elementen. Dadurch unterscheiden sich zum Beispiel Hunde und Nagetiere. Schließlich gibt es noch eine ganz individuelle Elemente-Zuordnung, bestimmt durch Farbe, Temperament, Charakter und Körperform der jeweiligen Rasse.

Zu welchem Tier wir uns hingezogen fühlen, hängt auch mit den Elementen zusammen (→ Seite 6). Mehr noch: Durch ein bestimmtes Tier werden wir aufgefordert, spezielle Dinge im Leben zu lernen. Ein Hund bringt dem Halter Anregung, Stärkung der Willenskraft und der Körper-Energetik. Ein Vogel dagegen benötigt nicht den täglichen Spaziergang, sondern mentale Beschäftigung. Eine Tabelle mit allem, was die Elemente-Tiere brauchen und was sie fördert, finden Sie auf den Seiten 14-15.

Die Feuer-Tiere

Das Feuer-Element äußert sich in Form von Wärme und Licht, es bestimmt den Lebenswillen. Wir bezeichnen diese Energie deshalb auch als Antriebskraft. Die Säugetiere ordnet man dem Feuer zu, da sie einen eigenen Wärmehaushalt haben. Da hitziges Feuer alles ergreift und zu sich heranzieht, zählen ganz besonders die Tiere mit Krallen, Klauen und scharfen Zähnen zu diesem Element. Der zugehörige Sinn ist das Sehen oder der »scharfe Blick«. Mit Hilfe der anderen Elemente ergibt sich folgende Unterteilung der Säugetiere: Bei Hund und Katze sind Feuer mit Feuer kombiniert, bei den Nagetieren Feuer mit Erde, beim Pferd Feuer mit Luft. Innerhalb der Arten kann auch wieder ein Element besonders hervortreten: Der Jagdhund repräsentiert das Feuer-Element, Windhunde dagegen verbinden Feuer und Luft.

Charakteristik der Feuer-Tiere

Sie haben oft ein rötliches Fell oder rötliche Augen. Das Haar ist eher struppig, drahtig, borstig und meist kurz. Die Art des Auftretens ist impulsiv, überschwänglich, spannungsgeladen, ja oft förmlich anspringend. Feuer-Tiere sind von Natur aus nicht immer berechenbar, da sie schnell ihrem Instinkt- und Triebleben unterliegen. Der Körper zeigt eine Betonung des Oberkörpers mit schlanken Hüften, ist muskulös und von starkem Knochenbau. Diese Tiere lieben die Herausforderung – sie fühlen sich aber auch selbst schnell angegriffen. Für sie ist es unbedingt notwendig, klare Strukturen der Hierarchie zu erlernen. Kranke Feuer-Tiere sprechen besonders gut auf eine Farbtherapie an.

Die wichtigsten Merkmale auf einen Blick:

✔ Energie: dynamisch, feurig
✔ Bei Energieblockade: aggressiv, waghalsig
✔ Reaktion: schnell, behände
✔ Dominanter Sinn: Sehen
✔ Temperament: cholerisch, ausgesprochene Verteidigungshaltung
✔ Körpermerkmale: Rotes, kräftiges, borstiges Haar, drahtige, muskulöse, imposante Gestalt
✔ Stimme: kräftig, laut, ausdrucksstark
✔ Starke Organe: Herz, Kreislauf
✔ Anregung beim Tierhalter: Körperenergetik
✔ Persönlichkeitsmerkmale: Individualität, Durchsetzungskraft, Zielorientierung

Der Hund ist ein ganz typisches Feuer-Tier.

TIPP

Wichtig für Vogelhalter

Vögel bauen sehr schnell ab, wenn sie krank sind. Als Luft-Tiere haben sie wenig Materie (Erd-Element) und brauchen besonders viel Licht und Luft.

✔ Bei Käfigen ist deshalb darauf zu achten, dass sie licht- und luftdurchlässig sind. Die ideale Form ist mehreckig, abgestuft oder zumindest etwas unregelmäßig. Nichts ist hier schlimmer als eine strenge Viereckform und gerade Gitter. Schwingende, sich drehende und bewegende Elemente, die zum Spielen und Auf- und Abfliegen einladen, sind für die Beschäftigung wichtig, denn Vögel wollen und müssen gefordert sein.

✔ Die Kommunikation zwischen Halter und Vogel ist ebenfalls von großer Bedeutung. Stimmen, Klänge und Geräusche wirken positiv auf die Vögel - nichts ist schlimmer als permanente Stille.

✔ Meiner eigenen Erfahrung nach wirkt es sich überaus günstig auf die Vögel aus, wenn sie mit anderen in Gemeinschaften leben können.

Viele Halter fürchten dabei die Gefahr der Übertragung von Krankheiten, was ich jedoch nicht bestätigen kann. Unsere Vögel sind physisch und vor allem psychisch seit Jahren in einem Top-Zustand.

Die Luft-Tiere

Das Element Luft zeichnet sich ganz allgemein durch Feinheit und Beweglichkeit aus. Die Luft ist die unsichtbare Überträgerin von Informationen, ob nun in Wellen-, Strahlungs- oder Gedankenform. Sie hat mit der Fähigkeit zu tun, sich vom Boden erheben zu können und symbolisiert die Auftriebskraft. Die Vogelwelt ist mit diesem Element verbunden. Vögel zeichnen sich durch ihre Leichtigkeit aus, ihr Körper ist dem Luft-Element vollkommen angepasst, was ihre mit Luft gefüllten Knochen und das komplizierte Luftsacksystem verdeutlichen. In ihren Federn spiegelt sich das Licht, oft scheint es auch durch sie hindurch.

Der Sinn, der zum Luft-Element gehört, ist das Hören. Klang und Geräusche spielen folglich eine wichtige Rolle für Vögel, und es ist kein Zufall, dass die Vögel die lautfreudigsten Tiere sind und durch ihren Gesang und ihre Rufe die menschliche Musik zu allen Zeiten und in allen Kulturen beeinflusst haben. Die Kommunikation des Halters mit den Vögeln läuft über die mentale Ebene und wird stark durch Stimme und Klang geprägt.

Vögel sind aber auch ausgesprochen sensibel. Unser weiblicher Kakadu geriet zum Beispiel ohne erkennbaren Grund immer in Panik, wenn ich in die Nähe eines Holunderstrauches, einer Erle oder einer Lärche kam. Als ich wieder einmal alte Überlieferungen über die Energien der Bäume las, fand ich die Erklärung: diese Bäume galten als Gespensterbäume! Auch in der Vogelwelt gibt es Einflüsse der anderen Elemente: Bei den Singvögeln kombinieren sich Luft mit Luft, den Papageien und Raubvögeln Luft mit Feuer, den Laufvögeln Luft mit Erde und den Wasservögeln Luft mit Wasser.

Charakteristik der Luft-Tiere

Sie sind aerodynamisch geformt, schlank und leicht. Ihre Erscheinung ist meist grazil, wie auch ihre Bewegungen elegant, kraftvoll und weit ausholend sind. Im Charakter sind sie eher nervös und in ständiger Bewegung. Das Gefie-

der – oder das Haar bei einem Luft-betonten Säugetier - ist lang und glatt. Die Augen können blau sein. Luft-Tiere sind neugierig, an allem interessiert, lassen sich aber gerne ablenken. Damit ihre nervliche Energie sich ausleben kann, muss man ihnen viel Abwechslung und Bewegung bieten. Kranke Lufttiere sprechen besonders gut auf eine Aromatherapie an.

Die wichtigsten Merkmale auf einen Blick:

✔ Energie: beweglich, beschwingt
✔ Bei Energieblockade: labil, extrem nervös oder lethargisch
✔ Reaktion: schnell, hektisch, erstarrend
✔ Dominanter Sinn: Hören

Der Wellensittich zählt zu den beliebtesten Lufttieren.

✔ Temperament: sanguinisch, veränderlich, kontaktfreudig, neugierig
✔ Körpermerkmale: schlanke Gestalt, glattes Gefieder, langes glattes Haar, kaum behaart, graues oder schwarzes Haar, blaue Augen möglich
✔ Stimme: melodiös, singend, rhythmisch
✔ Starke Organe: Atem-, Zentralnervensystem
✔ Anregung beim Tierhalter: Mentale Kommunikation, intuitive Wahrnehmung, Flexibilität
✔ Persönlichkeitsmerkmale: Bereitschaft zur Kommunikation, Intelligenz, Flexibilität

PRAXIS ELEMENTETIERE

Bereiche	Was Feuer-Tiere brauchen	Was Feuer-Tiere stärkt
Ernährung	energiereiche Kost, die in Bewegung umgesetzt werden kann	kleine Mahlzeiten, da Feuer-Tiere zum Schlingen und unkontrolliertem Fressen neigen
Erziehung	Kontrolle ihrer Energie	Vergabe von Aufgaben, damit sie ihre Leistungsfähigkeit und Kräfte unter Beweis stellen können
Lebensraum	warm und trocken, bei Zuviel des Elementes Feuer Wasser als ausgleichendes Element, zum Beispiel durch einen Springbrunnen	offene Türen, längliche, großzügige Räume, dreieckige Anordnung der Möbel, Auslaufmöglichkeit nach Süden in die Mittagssonne; Landschaft, die geprägt ist von Weitblick und Trockenheit.
Anregung	Spiele zum Austoben, kräftige, bunte Farben	die Metalle Gold und Eisen am Körper, zum Beispiel am Halsband; kräftige Pflanzen mit Samen, roten Blüten oder Früchten; Steine wie Feuerstein, Sandstein, Meteorit

Bereiche	Was Luft-Tiere brauchen	Was Luft-Tiere stärkt
Ernährung	eher kleines Nahrungsangebot	abwechslungsreiche Nahrung
Erziehung	Aufforderung zu mehr Bewegung, Anregung der mentalen Fähigkeiten	Spiele, Lernen, mentale und abwechslungsreiche Beschäftigung
Lebensraum	warme, feuchte, mehreckige Behausung, wenig rechte Winkel; die Möglichkeit, auch nach draußen zu kommen; bei Zuviel des Elements Luft Quintessenz als ausgleichendes Element, zum Beispiel durch Luftionisator	ungleichmäßige Aufteilung, mit Versteckmöglichkeiten wie passende Höhle, Nistkasten, dunkle Ecke, Auslaufmöglichkeit nach Osten, in die Morgensonne; hügelige Landschaften
Anregung	Intelligenz fördernde Spiele, die Farben Blau (Himmel), Gelb (Licht, Sonne) und Grün (Natur)	die Metalle Kupfer und Zinn als Energiespender im Umfeld, aber außer Reichweite der Tierzunge; Mobiles, Gegenstände aus Holz, Bilder von Himmel und Wolken; luftige Pflanzen mit blauen Blüten; leichte Steine wie Bimsstein

Bereiche	Was Erd-Tiere brauchen	Was Erd-Tiere stärkt
Ernährung	eiweißreiche Nahrung, Menge sollte aber genau bemessen sein, um eine Überversorgung zu vermeiden	mineralreiche Kost, kauintensive Zusatznahrung
Erziehung	klare Strukturen, konkrete Aufgaben	Geduld, Regelmäßigkeit und Zuverlässigkeit
Lebensraum	feucht-warme, klar umrissene, flache, rechteckige Räume, Ruhe, Schutz und Rückzugsmöglichkeiten, guter Bodenkontakt, bei Zuviel des Elements Erde Luft als Ausgleich, zum Beispiel durch Bewegung an der frischen Luft	klar umrissenes Revier; gedämpftes Licht; Auslaufmöglichkeit nach Westen, in die untergehende Sonne; Nachbildung des tropischen Urwaldes, Acker- und Weidelandschaften
Anregung	Berührung - wenig oder viel je nach Zahmheitsgrad; Materialien mit unterschiedlicher Struktur, um den Tastsinn zu fördern; die Farben Gelb (Licht, Sonne) und Grün (Natur)	die Metalle Silber und Blei als Energiesender, jedoch kein Zungenkontakt, da giftig! Wurzeln, gelbe Blüten, Frucht- und Nutzpflanzen, tropische Gewächse, undurchsichtige schwere Steine wie Granit; Gegenstände aus Stein oder Ton, Bilder von der Erde

Bereiche	Was Wasser-Tiere brauchen	Was Wasser-Tiere stärkt
Ernährung	ausscheidungsfördernde Nahrung	hoher pflanzlicher Anteil, viel Wasser und Säfte
Erziehung	Gefühl der Zugehörigkeit, gemeinsames Erleben	Lob, Unterstützung, harmonische Schwingungen
Lebensraum	feucht und kühl, bei Zuviel des Elementes Wasser Erde als Ausgleich, zum Beispiel durch Begrenzung des Lebensraumes oder einen festen Tagesablauf	viele Korridore zum Durchschwimmen oder Durchlaufen, Auslaufmöglichkeit nach Norden, in die Abendstimmung; Fluss- und Seenlandschaften, Feuchtgebiete
Anregung	runde Formen; starke Gerüche, intensive Geschmackserlebnisse; Spiele, die die Phantasie anregen; die Farben Grün (Natur) und Blau (Himmel)	das Metall Quecksilber als Energiesender, jedoch kein Zungenkontakt, da giftig! Wasserpflanzen, Wasserbäume wie Erle und Weide; durchsichtige Steine wie Beryll, Kristalle; Muscheln, Schneckengehäuse, freie, fließende Formen, Springbrunnen, Bilder mit Wassermotiven

Die Schildkröte ist ein besonders typisches Erd-Tier.

Die Erd-Tiere

Das Erd-Element zeichnet sich durch Stabilität und Aufnahmefähigkeit aus. Es grenzt Dinge gegeneinander ab. Als Energie wirkt hier die Schwerkraft, die Orientierung nach dem Mittelpunkt der Erde hin. Deshalb werden alle kriechenden Tiere und alle Erdhöhlen-Bewohner diesem Element zugeordnet, also vor allem Reptilien und Amphibien. Aus der Erde kommen Fruchtbarkeit und Nahrung, weshalb sie vom Menschen verehrt wurde. Auch Erd-Tiere galten als heilig. Die Märchen haben viel von dieser Überlieferung bewahrt. Wenn das Erd-Element mit anderen Elementen auftritt, ergibt sich folgende Unterteilung: Bei den Landschildkröten kombinieren sich Erde mit Erde, bei den Schlangen, Leguanen, Basilisken Erde mit Feuer, bei den Fröschen, Kröten, Unken Erde mit Wasser und bei den Eidechsen Erde mit Luft.

Charakteristik der Erd-Tiere

Es gehören solche Tiere zum Erd-Element, deren Körperform kurz oder gedrungen ist. Sie ruhen mit allen Beinen auf der Erde. Vom Charakter her sind sie abwartend und geduldig. Wenn sie sich aber für etwas entschieden haben, dann reagieren sie mit aller Konsequenz. Als Gegner sind sie hartnäckig und verbeißen sich gerne. Alle Tiere mit braunem oder gelbem Haar und Augen in diesen Farben stehen ebenfalls unter dem Einfluss des Erdelements. Das Haarkleid ist meist dicht und eng umschließend. Da diese Tiere geduldig sind, vertragen sie viel und man kann ihnen einiges zumuten. Man sollte sie aber nicht herausfordern oder ihre Geduld überstrapazieren. Kranke Erd-Tiere sprechen gut auf Mineralsalze an.

Die wichtigsten Merkmale auf einen Blick:

✔ Energie: stabil, fest, ausdauernd, stark verwurzelt
✔ Bei Energieblockade: steif, eigensinnig, festgefahren, einseitig, melancholisch, verdrießlich
✔ Reaktion: langsam, stark, schwerfällig, unaufhaltsam
✔ Dominanter Sinn: Tasten, Fühlen, Spüren
✔ Temperament: phlegmatisch, zurückhaltend, abwartend
✔ Körpermerkmale: gelbes oder braunes Haar, faltige, gepanzerte Haut, dichtes Haarkleid, gelbe oder braune Augen, stämmige Erscheinung
✔ Stimme: prägnant, dumpf, knapp, zischend
✔ Starke Organe: Verdauungssystem
✔ Anregung beim Tierhalter: Geduld, Gefühl der Annahme, Gelassenheit
✔ Persönlichkeitsmerkmale: oft trauriger Ausdruck, Verlässlichkeit, Konzentration, Fähigkeit der klaren Abgrenzung

TIPP

Aquarien und Terrarien richtig aufstellen

✔ Ideal ist es, wenn 2/3 der Behausung Tageslicht bekommt und 1/3 im Schatten liegt, damit sich die Tiere bei Bedarf dorthin zurückziehen können.
✔ Ungünstig ist ein Standort mitten vor dem Fenster oder in der prallen Sonne.
✔ Günstig ist ein Platz mit hoher natürlicher Strahlung.
✔ Halten Sie möglichst weiten Abstand zu Steckdosen und elektrischen Geräten (→ Seite 44). Die Tiere würden auf chronische Belastungen durch Elektrosmog mit Vergiftungserscheinungen reagieren.
✔ Besonders vorteilhaft sind die Komfortzonen 4 und 6 (→ Seite 27 und 28).
✔ Da kleine Behausungen die Bewegungsmöglichkeit der Tiere stark eingrenzen, sollten sie nach Möglichkeit nie in Zone 5 (→ Seite 27) untergebracht werden.

Die Wasser-Tiere

Das Wasser-Element steht für Reaktionsvermögen, Unbegrenztheit und Wandlungsfähigkeit. Es unterliegt ständiger Veränderung und seine Kraft ist das Fließen. Die Fähigkeiten, die wir vom Wasser lernen können, sind Loslassen, Anpassungsvermögen und Vertrauen. Wasser ist der Hauptbestandteil unserer Erde und auch des Menschen. Alle Fruchtbarkeit ist mit diesem Element verbunden, es erfrischt, belebt und reinigt. Generell wurden alle schwimmenden Tiere, vor allem die Tierklasse der Fische, dem Wasser zugeordnet. Wenn das Wasser-Element mit anderen Elementen auftritt, ergeben sich fol-

Das Wasser-Tier Frosch wird auch als Heimtier gehalten.

gende Unterteilungen: Bei den Schwarmfischen kombinieren sich Wasser mit Wasser, bei den Raub- und Giftfischen Wasser mit Feuer, bei farbenprächtigen und fliegenden Fischen Wasser mit Luft und bei den am Boden lebenden Fischen Wasser mit Erde.

Charakteristik der Wasser-Tiere

Alle jene Tiere, die von Natur aus sensibel und eher ängstlich sind, entsprechen in ihrem Charakter dem Wasser-Element. Sie nehmen sehr viel wahr, wittern überall Gefahren und haben deshalb feinste, ausgeklügelte Abwehrmechanismen oder wirkungsvolle Tarnmanöver entwickelt. Das Schuppenkleid der Fische ist silbrig oder metallisch glänzend. Bei anderen Tierklassen oder -arten mit einem hohen Anteil des Wasserelements finden wir ein weiches, weißes Gefieder (Vögel) oder ein weiches, fließendes, weißes oder silbriges Haar (Säugetiere). Die Augen sind oft grün oder haben viel Weiß. Ihre Lautäußerungen sind häufig und haben gerne einen klagenden, jammernden Tonfall. Solche Tiere leiden schnell unter der Angst, verlassen zu werden, weshalb für sie Stetigkeit und Fürsorglichkeit im Umgang wichtig sind. Sie brauchen viel Herzenswärme, um sich positiv entwickeln zu können, und jede Art von Härte ist fehl am Platze. Wenn das Wasser-Element – zum Beispiel die Suche nach Geborgenheit und Familie – zurückgedrängt wird, können andere Elemente wie das Feuer unkontrolliert agieren. Es entwickeln sich dann gerne so genannte »Angstbeißer«. Kranke Wasser-Tiere sprechen besonders gut auf Heilkräuter an.

Die wichtigsten Merkmale auf einen Blick:

✔ Energie: fließend, elegant, konkret
✔ Bei Energieblockade: launisch, phlegmatisch, zaudernd

Aquariumfische sind ganz typische Wasser-Tiere.

✔ Reaktion: langsam, schwach, zögernd
✔ Dominanter Sinn: Geruch, Geschmack
✔ Temperament: melancholisch, ausweichend, zieht sich gerne zurück, ängstlich
✔ Körpermerkmale: grüne Augen, geschuppte, metallisch glänzende Haut, feines, fließendes Haar, weißes Fell, weicher Körperbau, zur Rundlichkeit neigend
✔ Stimme: leise, heiser
✔ Starke Organe: Urogenital-, Lymph- und Drüsensystem
✔ Anregung beim Tierhalter: Loslassen, Ausdrücken von Gefühlen, Meditation
✔ Persönlichkeitsmerkmale: Sensibilität, Wachsamkeit, Phantasie, Zusammengehörigkeitsgefühl

10 Goldene Regeln
des Westlichen Feng Shui

1 Wenden Sie Feng Shui möglichst nur dann an, wenn Sie innerlich ausgeglichen sind.

2 Versuchen Sie, weniger analytisch zu denken und mehr zu erspüren. Dadurch bekommen Sie leichter Zugang zu den Energien des Feng Shui.

3 Üben Sie sich im ganzheitlichen Denken und gehen Sie in diesem Bewusstsein mit den anderen Wesen der Natur um.

4 Gewöhnen Sie sich an die vielleicht ungewohnte Vorstellung von einer Energie, die allen Wesen gemeinsam ist. Sie ist die Grundlage aller universellen Lehren, zu denen auch Feng Shui gehört.

5 Erkennen Sie auch den Raum als lebendiges Wesen an. Er ist nicht leer – wir alle leben und bewegen uns in seinen Energiefeldern.

6 Lernen Sie aus der Beobachtung: In der Natur nutzen Tiere den Raum und seine Energien instinktiv und suchen sich selbst die besten Plätze.

7 Denken Sie bei allem, was Sie tun, stets an das Wohl der anderen. Ihre eigene Energie wirkt dadurch nämlich auf diese wohltuend und heilend. Nur harmonische Bedingungen führen zur Entfaltung starker Energien.

8 Regeln sind nur Orientierungspunkte – achten Sie vor allem auf Ihr Gespür. Die besten Regeln helfen nicht, wenn Sie sich innerlich dagegen sperren.

9 Wenn Sie ein neues Tier haben, üben Sie sich in Geduld: Es braucht etwas Zeit, bis sich Ihre Energien aufeinander »eingeschwungen« haben.

10 Suchen Sie bei Problemen stets nach möglichst einfachen und natürlichen Lösungen.

Die Vier Himmelsrichtungen

In allen östlichen wie westlichen Kulturen spielen die Himmelsrichtungen eine wichtige Rolle. Wer sich an ihnen orientiert, tritt dadurch auch in Kontakt mit bestimmten erdmagnetischen Energieströmen. Jeder der Himmelsrichtungen wird nach alter Überlieferung eine bestimmte Qualität zugewiesen, und diese durch das Symbol eines Tieres versinnbildlicht. Im westlichen Feng Shui wird der Süden dem Löwen zugeordnet, dessen Funktion früher jedoch wahrscheinlich der Luchs innehatte. Denn mit dem Luchs wurde Lux – also das Licht – gleichgesetzt. Der Adler stand für den Osten, die Kuh oder auch der Stier für den Westen und die Schlange – hier wurden die Wasserschlange, Ringelnatter oder sogar der Aal verwendet – für den Norden. Die Tiere wählte man übrigens nach ihren geistigen Qualitäten als Symbole für die vier Himmelsrichtungen aus. Das ist für den Tierhalter von besonderem Interesse: Denn die im Tier-Symbol komprimierte Energie wirkt sich auch auf den Menschen aus, das heißt auf seine körperliche und emotionale Verfassung, auf seine Fähigkeiten, Verhaltensweisen und Ideen.

Himmelsrichtungen und Elemente: Die bereits besprochenen vier materiellen Elemente sind ebenfalls mit den Himmelsrichtungen verknüpft: das Wasser mit dem Norden, die Luft mit dem Osten, das Feuer mit dem Süden und die Erde mit dem Westen.

Der Norden – Ort der Belehrung

Das Symboltier des Nordens ist die Wasserschlange und sie steht für eine geistige Ausrichtung im Leben. Das bedeutet, dass »genordete« Menschen zum Beispiel einen tieferen Sinn in ihrem Tun erkennen oder danach suchen. Es kann auch sein, dass sie sich neben ihrem »Brotberuf« noch für philosophische Denkweisen interessieren oder sich an hohen ethischen Werten orientieren. Eine geistige Ausrichtung wird sich aber nur in dem Maße entwickeln, wie eine Lernbereitschaft vorhanden ist. Wenn wir uns nach Norden orientieren, können wir also vor allem Energien aufnehmen, die eine geistige Erweiterung bringen. Aus diesem Grunde galt auch stets die Regel, beim Gebet nach Norden zu blicken. Dort sah man das »Weißland« der Götter, den Olymp. Auch das Wasser und seine »himmlische Form« – die Kristalle in der Schneeflocke – kommen aus dieser Richtung. In einem ewigen Kreislauf steigt es zum Himmel empor und kommt zur Erde zurück, um ihr Leben zu geben.

Norden und Wasser-Element: Die Wasserschlange ist das Symboltier für das Wasser-

Die Wasserschlange wird der Himmelsrichtung Norden gleichgesetzt.

Element und somit auch für die Wasser-Tiere. So wie durch das Wasser-Element die Körperfunktionen des Wasserhaushalts (Lymph-, Drüsen-, Urogenitalsystem) angeregt werden, beeinflusst auch die nördliche Himmelsrichtung bei Mensch und Tier diese Funktionen.

Wichtig für Halter:
Der ideale Ort für die Belehrung oder das Training eines Tieres sollte also nach Norden weisen. Alles Lernen wird so unterstützt – übrigens sowohl das des Tieres als auch das des Halters. Züchter sollten ebenfalls diese Himmelsrichtung für ihre Tierbehausungen wählen, wenn sie starke Zuchtstämme aufbauen und Rassetiere züchten wollen.

Der Luchs symbolisiert die Himmelsrichtung Süden und das Licht.

Der Süden – Ort der Bewegung

Das Tiersymbol des Südens ist der Luchs und er steht für die energetische Ausrichtung zum Licht. Das bedeutet, aus dem Süden fließen dem Menschen wie dem Tier vitalisierende Kräfte zu, die vor allem wichtig für den Körper sind. Außerdem werden dem Süden und dem Symboltier Luchs rhythmische Prozesse zugeordnet: Damit sind alle natürlichen Rhythmen gemeint wie Herzschlag und Puls, Ein- und Ausatmen, Bewegungen des Gehirnwassers, der

Monatszyklus, die Balance zwischen Schlafen und Wachen, Bewegung und Ruhen, der ganze Biorhythmus. Die Zuordnung des Gleichgewichtssinns zum Süden ist einleuchtend, da auch gleichförmige und federnde Körperbewegungen von ihm abhängig sind.
Süden und Feuer-Element: Der Luchs zählt gleichzeitig zum Feuer-Element und ist ein Feuer-Tier. So wie das Feuer-Element das Herz- und Kreislaufsystem regiert, werden auch durch die südliche Himmelsrichtung die entsprechenden Organe des Menschen in Schwung gehalten – und das im gesteigerten Maße, wenn er ein Feuer-Tier hält und dieses ihn zu viel Bewegung animiert.

Wichtig für Halter:
Die Orientierung nach Süden bringt uns mit Energien in Verbindung, die schöpferisch und kreativ sind. Es geht dabei um praktisches Erproben und Erfahren. Somit eignet sich diese Richtung besonders für körperliche Bewegung bei Mensch und Tier. Im Süden ist die Anlage von Kletterbäumen für Katzen und Flugbäumen für Vögel besonders günstig. Selbst Renn- und Reitbahnen wurden deshalb früher oft nach Süden ausgerichtet.

Der Westen – Ort des Fühlens

Das Symboltier des Westens ist die Kuh oder der Stier und sie stehen für die emotionale Ausrichtung. Darunter ist die Fähigkeit zu verstehen, Emotionen ausdrücken zu können, etwas von sich zu geben und es anderen mitzuteilen. Der Westen befähigt allgemein ein Lebewesen, Energie abgeben zu können. Er steht zusätzlich für Behaglichkeit und harmonische Entspannung.
Westen und Erd-Element: Die Kuh ist auch das Symboltier für das Erd-Element und somit für die Erd-Tiere. Das Erd-Element regiert wie die westliche Himmelsrichtung den Stoffwechsel und das Verdauungssystem – aber auch die Fortpflanzung, da die Erde als Urmutter der Fruchtbarkeit gilt.

Wichtig für Halter:
Ruheräume sind für Mensch und Tier am besten nach Westen ausgerichtet. Auch Freilaufgelände, Ställe, Fütterungsplätze oder Badeteiche für Tiere sind am günstigsten in Westlage. Die positive Wirkung kann noch gesteigert werden, wenn man östlich davon einen Teich oder See anlegen kann, der die Sonnenenergie speichert und wieder abgibt. Auch Räume für die Aufzucht von Tieren liegen besonders vorteilhaft im Westteil eines Gebäudes.

Der Osten – Ort der Wahrnehmung

Das Symboltier des Ostens ist der Adler und er steht für die Wahrnehmung und Aufnahme von Energie. Damit ist nicht nur die materielle Energiezufuhr in Form von Nahrungsmitteln gemeint, sondern auch geistige Nahrung und die Herausbildung der Fähigkeit der sensitiven oder intuitiven Wahrnehmung »aus dem Bauch heraus«.
Osten und Luft-Element: Der Adler ist ein Luft-Tier und steht somit auch für das Luft-Element. Ebenso wie das Luft-Element das Nerven- und Atmungssystem beherrscht, so stärkt die Energie aus der östlichen Himmelsrichtung auch Atmung und Nerven von Tier und Mensch. Das weiß jeder Frühaufsteher intuitiv schon lange! Der Aufgang der Sonne ist selbst für uns moderne Menschen noch von kräftigender Wirkung: Positive Kraft durchströmt den Körper aus dieser Richtung und die Energie der Zellen wird durch den magnetischen Strom des Ostens erhöht.

Der Adler, der im Morgenlicht aufsteigt, wird mit dem Osten gleichgesetzt.

Wichtig für Halter:
Nach Osten sind idealerweise die Räumlichkeiten und Orte ausgerichtet, die mit Heilung und Regeneration zu tun haben. Haben wir ein krankes Tier, so sollten wir es nach dieser Himmelsrichtung orientieren, um die Vitalkräfte für die Genesung zu unterstützen. Wer Tiere therapiert, erfährt eine energetische Unterstützung, wenn auch der Behandlungsraum nach Osten liegt.
Günstig ist es, wenn das Tier das Licht der aufgehenden Sonne erhält. Dieses rote Morgenlicht vitalisiert den Energiekörper und regt damit die Immunkraft und Vitalität an. Sie können diese Wirkung noch verstärken, indem Sie Ihre Hände mit geöffneten Handflächen dem Licht entgegenstrecken, dieses auffangen und dann über das Tier »gießen«.
Sollte eine optimale Ausrichtung der Räume nicht möglich sein, können Sie dies mit Hilfe der Attribute der Elemente und Planeten (→ Seite 38-43) ausgleichen, die zu der betreffenden Himmelsrichtung gehören. Beim Osten sind dies zum Beispiel Luft und Merkur.

DIE SECHS KOMFORT-ZONEN FÜR TIERE

Unsere Welt ist durchdrungen von einer überall fließenden Energie. Jedes Lebewesen kann diesen Fluss durch seine Eigenschwingung verändern, umgekehrt beeinflusst auch die Energie eine Vielzahl von Lebensbereichen.

Die Ableitung der Komfortzonen

Die chinesische Lehre des Feng Shui arbeitet mit der Einteilung einer Fläche in neun sogenannte »Bagua-Zonen«. Jede dieser Zonen entspricht einer bestimmten Energetik und jede wirkt auf einen bestimmten Lebensbereich. Die Zahl Neun spielt in der chinesischen Philosophie für die Menschenwelt eine wichtige Rolle. Die Tierwelt jedoch hat ihre eigene Zahl: Den Tieren wird sowohl in vielen östlichen wie auch westlichen Lehren die Zahl Sechs zugeordnet. Dies ist die Zahl der ewigen Schöpfung der Natur. Ich arbeite aus diesem Grunde nur mit sechs Zonen, die ich »Komfortzonen« nenne und mit recht aussagekräftigen Namen bezeichne: die Ich- oder Ruhezone, die Aufbau- oder Wachstumszone, die Lernzone, die Besitz- oder Revierzone, die Bewegungszone und die Vertrauenszone. Einzelheiten zu den Zonen finden Sie auf den folgenden Seiten.

Die Kätzchen erkunden in der Lernzone neugierig ihre Umgebung.

Die Lage der Komfortzonen

In allen geschlossenen Systemen wie eingezäunten Grundstücken, Häusern und Räumen bauen sich energetische Gittersysteme auf. Die Energie kommt über den Zugang oder die Tür herein und teilt sich dann in Zonen auf. Diese strukturieren sich je nach der Form unterschiedlich: Die Energie in hochrechteckigen Bereichen entwickelt eine starke Dynamik, es ergibt sich für die Ausrichtung der Zonen eine Sinusform. Die Energie in querrechteckigen Bereichen hingegen entfaltet sich weitaus gleichmäßiger und ist speichernd, die einzelnen Zonen werden dort entgegen dem Uhrzeigersinn ausgerichtet. Auf den Seiten 30 und 31 erfahren Sie, wie Sie über einen Raum oder eine Fläche dieses Raster richtig legen. Sie erhalten damit die Möglichkeit, den optimalen Platz für die Tätigkeiten Ihres Tieres zu bestimmen: Wo auf Ihrem Grundstück oder im Haus liegt die Ruhezone, auf der eine Tierbehausung günstig wäre? Wo ist die ideale Zone, in der das Tier aufmerksam und neugierig beim Lernen ist? Wo findet sich der Bereich, in der Nahrungsaufnahme und Verdauung optimal sind? All dieses können Sie dann mithilfe der Komfortzonen leicht herausfinden.

Die Ich- oder Ruhezone (Zone1)

In dieser Zone entfalten sich die individuelle Persönlichkeit und Eigenheiten eines Tieres besonders markant. In dem besagten Bereich können Sie auch am besten seinen Charakter erkennen. Wenn Sie also ein Tier kaufen wollen und genügend Zeit haben, so suchen Sie mit ihm die entsprechende Zone auf und beobachten Sie das Tier dort. So können Sie leichter die richtige Wahl treffen. Zu Hause bietet sich diese Zone natürlich auch an, um dort Schlafplätze oder Behausungen einzurichten. Sind Sie selbst spirituell orientiert, so können Sie übrigens in dieser Zone auch einen Kontakt zu den Naturgeistern aufbauen, mit denen Ihr Tier noch ganz natürlich kommuniziert. Diese Zone sollte Ihrem Tier ganz alleine gehören, lassen Sie es nach Möglichkeit dort gewähren. Wenn Sie dem Tier etwas beibringen oder auch auf sein Verhalten einwirken möchten, so gehen Sie mit ihm am besten in Zone 3. In der Ich-Zone dagegen sollte das Tier es selbst sein können, das ist sehr wichtig für die Entwicklung seiner Persönlichkeit.

Die Aufbau- oder Wachstumszone (Zone 2)

In dieser Zone kommen die Talente und Begabungen eines Tieres zum Vorschein. Hier bilden sich auch die innere Entwicklung und Reife aus. Die Wachstumszone führt Energie zu; sie ist daher ideal für alles, was mit Aufbau zu tun hat und eignet sich besonders gut für die Nahrungsaufnahme. Hier ist also auch der ideale Ort für Futterplätze. In dieser Zone lassen sich zusätzlich noch positive Signale und Verhaltensweisen, die das Tier schon kennen gelernt hat, verstärken. Dulden Sie in der Wachstumszone jedoch keine Verhaltensfehler, denn diese würden sich hier leider auch verstärken. Ein sehr lebhaftes Tier hingegen, das ja bereits selbst viel an Energie mitbringt, sollten Sie nicht zu lange in dieser Zone belassen.

Die Lernzone (Zone 3)

Diese Zone macht das Tier bereit, sich auf Neues einzulassen. Hier haben Sie deshalb einen guten Zugang zu Ihrem Tier für alle jene Aktivitäten, die mit Lernen, Erziehen und Unterrichten zu tun haben. Die Lernzone eignet sich auch besonders für das Eingewöhnen eines neuen Tieres in seine Umgebung und Sie können Ihr Heimtier dort mit ungewohnten Situationen vertraut machen. Denken Sie aber daran, dass natürlich auch Sie selbst an diesem Lernprozess beteiligt sind. Bleiben Sie also offen und aufmerksam, beobachten Sie genau. Denn in dieser Zone können Sie besonders intensive Einblicke in das Verhaltenmuster Ihres Tieres gewinnen. Die dort vorhandene mentale Energie wirkt nämlich sowohl auf das Tier wie auch auf den Halter anregend.

In der Aufbau- oder Wachstumszone schmeckt es dem Hamster besonders gut.

In der Vertrauenszone spielt der Nymphensittich hingebungsvoll.

Die Besitz- oder Revierzone (Zone 4)

In dieser Zone wirken Energien, die die Bindungsfähigkeit und das Zugehörigkeitsgefühl stark fördern. Hier findet das Tier leichter Anschluss an seine Menschenfamilie, an einen arteigenen Partner oder an andere Tiere. In der Revierzone wird natürlich das Territorialverhalten ebenso gestärkt. Haben Sie hier eine Sitzgruppe, wo Sie gerne mit Gästen sitzen, so kann jeder Besuch bei Ihrem Tier eine Revierverteidigung auslösen. Zeigt Ihr Liebling gegenüber Fremden ein problematisches Verhalten und ist eine Umstellung der Sitzgruppe zu aufwendig oder gar nicht möglich? Bringen Sie dann am besten für das Tier immer etwas mit an diesen Platz, was ihm vertraut ist und es beruhigt. Dies kann ein Leckerli sein oder sein Lieblingsspielzeug. Wichtig ist hier, den Sinnes-Input so zu verändern, dass das übliche Verhaltensmuster in dieser Zone nicht ablaufen kann.

Die Bewegungszone (Zone 5)

Dies ist der vitale Bereich im Leben des Tieres. Es geht in dieser Zone um das Ausarbeiten der körperlichen Energien und Spannungen. Hier kommen auch die Instinkte des Tieres zum Tragen, weshalb alle Arten von Aktivitäten wie der Spieltrieb und die Sexualität gefördert werden. Dies ist folglich eine günstige Zone, um Nachwuchs von Tieren zu bekommen. Haben Sie ein Tier, das eher bewegungsfaul ist, obwohl es nicht unter Übergewicht leidet? Dann bringen Sie es am besten in dieser Zone unter, um seine Aktivität längerfristig anzukurbeln. Für größere Tiere wäre natürlich ein Garten ideal, damit sich das Tier dort in der Bewegungszone »ausarbeiten« kann, bevor es wieder in die Wohnung kommt.

In dieser Zone können Sie auch gut Bewegungsabläufe trainieren. Dabei spielt es gerade hier eine wichtige Rolle, welche Sprache Ihr eigener Körper spricht. Für Tiere sind die Körpersignale ihres Menschen überaus wichtig und ein Anhaltspunkt für ihr eigenes Verhalten. Arbeiten Sie in dieser Zone also nur dann mit Ihrem Tier, wenn Sie selbst fit und munter sind, damit es auch gut mitmacht.

Die Katzen putzen sich in der Vertrauenszone mit besonderer Hingabe.

Die Vertrauenszone (Zone 6)

In dieser Zone geht es um die Themen der Hingabe, Aufgabe und Arbeit. Alle Arten von vertrauensbildenden Maßnahmen zwischen Tier und Halter werden hier gefördert. Wenn Sie mit Ihrem Tier trainieren wollen, dann ist diese Zone ideal. Es wird ja immer wieder darüber diskutiert, inwieweit der Mensch sein Tier »vermenschlicht« und es damit zu einem »unnatürlichen« Leben verurteilt. Inzwischen erschienen in Amerika wissenschaftliche Untersuchungen, deren Fazit es ist, dass Tieren die Zusammenarbeit mit Menschen ein natürliches Anliegen ist. Die meisten Halter werden davon sowieso überzeugt sein! Dies bestätigt die uralte Weisheit, dass Mensch und Tier einst eine gemeinsame Entwicklung hatten. Davon rühren heute noch unsere Träume von einem paradiesischen Zusammenleben mit den Tieren her. In der Tat sind Tiere unsere Weggefährten im Leben und dieses persönliche Verhältnis kann man besonders in Zone 6 entdecken. Halten Sie Ihr Tier ausschließlich in dieser Zone, so ist es wichtig, dass Sie für Beschäftigung sorgen, damit Ihr Tier die dortigen Energien sinnvoll nutzen kann. Die Vertrauenszone liefert auch eine ideale Energie für die Behandlung von Krankheiten und Regenerationsvorgänge. Haben Sie übrigens schon einmal bedacht, wo sich der Behandlungsraum Ihres Tierarztes oder -heilpraktikers befindet? Idealerweise liegt er in Zone 6.

Die Türe als Wegweiser zum Tier

Eingänge strukturieren die Bewegung der Energie im Garten, im Haus und im Zimmer. Sie fungieren gewissermaßen als energetische Wegweiser. Zunächst ist natürlich die Hauptzugangstür zu Grundstück, Haus und Raum wichtig – die gibt es meistens, selbst wenn mehrere Türen vorhanden sind. Aber auch die Nebentüren beeinflussen zum Beispiel noch die Energie eines Zimmers, jedoch weitaus schwächer. Interessante Erkenntnisse bringt übrigens bei mehrtürigen Räumen oft die Frage, wieso eine ganz bestimmte dieser Türen vorwiegend benützt wird, selbst wenn andere genauso gut geeignet wären. Und verwendet man wohl überlegt eine andere Tür als Hauptzugang, wird sich als Konsequenz auch energetisch etwas verändern. Bei der Anwendung des Westlichen Feng Shui achte ich stets darauf, in welcher Zone eines Zimmers Türen oder eines Gartens Eingänge liegen, da diese Kenntnis den Zugang zum dort gehaltenen Tier erleichtert. Auch für Sie und Ihr Tier kann dies sehr nützlich sein. Hier finden Sie die wichtigsten Punkte aufgelistet:

Türe in der 1. Zone
In der Ich- oder Ruhezone treffen Ihre Persönlichkeit und die Ihres Tieres kräftig aufeinander. Wollen Sie vermeiden, dass es zum Machtspiel und »Schlagabtausch« kommt, müssen Sie ihm klare Signale geben.

Türe in der 2. Zone
Ihre eigene innere Ruhe, Sanftheit und Harmonie sind die Kräfte, die in der Aufbau- oder Wachstumszone den Zugang zum Tier fördern. Dies kann zum Beispiel über Anerkennung und Lob geschehen.

Türe in der 3. Zone
In der Lernzone sind es Ihre eigene Lernbereitschaft und Offenheit, die das Verhältnis zu Ihrem Tier vorteilhaft prägen. Gemeinsames Lernen begünstigt hier den Zugang zum Tier.

Türe in der 4. Zone
Wichtig ist es in der Besitz- oder Revierzone vor allem, dass sich das Tier zur Familie gehörig und angenommen fühlt. Gemeinschaft und gemeinsames Tun erleichtern in dieser Zone den Zugang zum Tier.

Türe in der 5. Zone
Der Zugang zum Tier geschieht in der Bewegungszone vorwiegend über körperliche Aktivitäten und Spiele.

Türe in der 6. Zone
Über eine klare Aufgabenstellung und sinnvolle Beschäftigung können Sie in der Vertrauenszone den Zugang zum Tier finden.

Über körperliche Aktivitäten erhalten Sie einen besseren Zugang zum Tier.

PRAXIS KOMFORTZONEN

Die Sechs Komfortzonen werden Ihnen durch das Verhalten des Hundes in der großen Zeichnung rechts verdeutlicht. Als Beispiel dient hier ein hochrechteckiger Raum (siehe rechts):

✔ In der Ich- oder Ruhezone (1) zeigt er sich sehr selbstbewusst, entfaltet seine Persönlichkeit recht deutlich.

✔ In der Aufbau- oder Wachstumszone (2) hat er besonders gerne seinen Futternapf. Sie führt ihm Energie zu und fördert auch seine Begabungen und Talente.

✔ In der Lernzone (3) kann er ausgesprochen leicht erzogen werden und sich auch an neuartige Situationen gewöhnen.

✔ In der Besitz- oder Revierzone (4) wird er sein Eigentum und sein Territorium verteidigen. Auch Fremde können das zu spüren bekommen.

✔ In der Bewegungszone (5) ist er verspielt und vital, wird sich auch besonders für Hündinnen interessieren.

✔ In der Vertrauenszone (6) können Sie besonders engen Kontakt mit ihm aufnehmen und mehr Verständnis entwickeln.

Komfortzonen richtig eintragen

Überlegen Sie sich zunächst, wo der Hauptzugang zum Grundstück beziehungsweise die Haupttür zu Haus oder Zimmer liegt. Über diese Pforte kommt ein Großteil der Energie herein, durch sie erhält die Energie ihre Strukturen im Raum. Ihre Verteilung und damit auch die Einzeichnung der Zonen richten sich danach, ob der Grundriss hoch- oder querrechteckig ist. Allgemein werden zum Zeichnen der Zonen einfach die kürzeren Wände halbiert, die längeren gedrittelt. Wenn Sie diese Punkte mit zu den Wänden parallelen Linien verbinden, erhalten Sie sechs gleich große Bereiche, die Komfortzonen.

Die Form bestimmt die Energie
Wenn die Energie sich ausbreiten kann, verhält sie sich anders, als wenn sie schon nach wenigen Metern gebremst wird. Hochrechteckig ist ein Grundriss, wenn der Hauptzugang an einer kürzeren Wand liegt. In diesem sehr dynami-

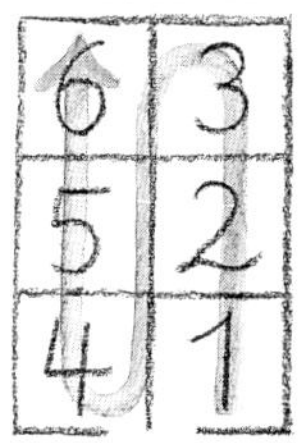

Komfortzonen im hochrechteckigen Raum.

schen Gefüge werden die Zonen sinusförmig durchnummeriert. Querrechteckig ist ein Grundriss, wenn der Hauptzugang an einer längeren Wand liegt. Hier entfaltet sich die Energie weitaus gleichmäßiger und die Zonen werden entgegen dem Uhrzeigersinn fortlaufend durchnummeriert.

Komfortzonen im querrechteckigen Raum.

Fehlende Zonen ausgleichen
Bei unregelmäßigen Grundrissen – als Beispiel finden Sie eine L-Form – können Zonen fehlen, hier sind es die 4 und 5. Zum Ausgleich setzen Sie Attribute der zu den fehlenden Zonen ge-

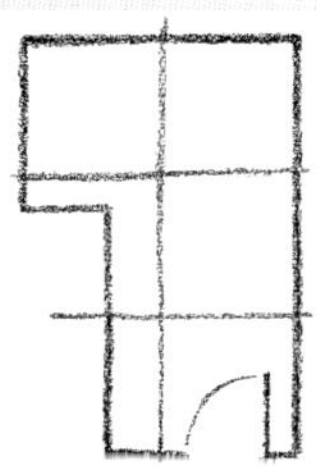

Fehlende Komfortzonen können ausgeglichen werden.

hörigen Planeten ein. Für Zone 1 sind dies die Sonne und der Saturn, für 2 der Jupiter, für 3 der Merkur, für 4 der Mond, für 5 der Mars und für 6 die Venus (→ Seite 38 bis 43). Sie können im Raum beliebig angeordnet werden.

TIPP

Hilfen für kranke Tiere

Auch die Genesung Ihrer Lieblinge können Sie mit Hilfe der Komfortzonen vorteilhaft beeinflussen:

✔ Die Heilung von Wunden wird in der Vertrauenszone besonders begünstigt und beschleunigt.

✔ Bei Appetitlosigkeit füttern Sie Ihr Heimtier am besten in der Aufbau- oder Wachstumszone.

✔ Ein zu Übergewicht neigendes Tier hingegen sollte auf keinen Fall in der Wachstumszone untergebracht werden.

✔ Bei Problemen mit dem Bewegungsapparat erhält ein Tier besonders in der Bewegungszone regenerierende Energien.

✔ Ein Tier, das aus Gesundheitsgründen neue Verhaltens- oder Bewegungsweisen erlernen muss, schafft dies am leichtesten in der Lernzone.

✔ Einen Federn rupfenden Papagei sollten Sie idealerweise in der Ruhezone unterbringen.

✔ Ein Tier das ausgesprochen ängstlich oder unberechenbar ist, erfährt in der Ichzone eine heilkräftige Unterstützung.

Die Komfortzonen in der Praxis

Hier folgen nun einige typische Beispiele aus meiner Praxis, in denen die Wirkungen der Komfortzonen und die Lösungsmöglichkeiten bei Problemen mit Heimtieren besonders deutlich werden. Über die dabei zur Unterstützung eingesetzten Planetenkräfte finden Sie mehr auf den Seiten 38 bis 43. Allgemein gilt, dass die Planeten verschiedene Eigenschaften fördern oder bremsen, auch bestimmten Elementen und Komfortzonen zugeordnet werden und dort hilfreich wirken können.

Schildkröte

Ein Schildkrötenzüchter richtete in seinem Garten den Landschildkröten Quartiere in der Wachstums- (2) und Lernzone (3) ein, die Wasserschildkröten bekamen einen Teich in der Besitz- oder Revierzone (4). Er erreichte beste Zuchtergebnisse, obgleich die dafür optimale Bewegungszone (5) ausgerechnet durch den Nutzgarten belegt ist. Der Züchter wunderte sich übrigens, dass er dort trotz schlechten Bodens üppige Salate und Gemüse erntete.
Für die erfolgreiche Tierzucht nutzte er die Hilfe der Planetenkräfte: Die Zone 4 energetisierte er durch die Nachzucht fördernden Venuskräfte: Er errichtete eine Kupferpyramide am Teichufer und setzte dort der Venus zugeordnete Pflanzen wie Glockenblumen und Vergissmeinnicht. Die Zone 2 erwies sich auch ohne zusätzliche Planetenattribute als Kraftspender. In die Zone 3 kam eine oval geformte Metallplatte, das Oval steht hierbei für den Mond und die Fruchtbarkeit, das Metall für den Mars und die Triebkraft.

Pferd

Eine Tierärztin in einer Pferdeklinik beobachtete, dass die Wunden von Operationen nur in einer Box auffällig schnell heilten, diese lag in der Vertrauenszone (6). Sie hatte aber immer sechs kranke Pferde zu versorgen. Als erstes färbte sie sich einen weißen Overall in der Heilfarbe Orange, dann befestigte sie als Symbol der das Immunsystem aktivierenden Sonnenkraft große Kreise aus Goldpapier an der Decke jeder Box. Ein Attribut der die Gesundheit stär-

kenden Jupiterkraft kreierte sie, indem sie einen gelben Fleck mit hellblauen Strahlen an die Wand malte. Selbst die skeptischen Kollegen mussten bald zugeben, dass die Pferde schneller genasen.
Auch die Leistung von Reitpferden wird durch die Komfortzonen beeinflusst: Das Pferd Jasperino etwa zeigte bei Prüfungen immer starkes Lampenfieber. Seine Box steht in der Bewegungszone (5), die – auch unterstützt durch den Charakter des Pferdes – einen Mangel an Konzentration und bei Beanspruchung zuviel Nervosität verursachte. Damit Jasperino in dieser Box seine Energien optimal entfalten kann, benötigt er konzentrierende Attribute des Jupiters: Ein Türkis und ein bronzenes, mandalaähnliches Zeichen wurde oben an der Decke befestigt. Mit dem Futter erhält er dem Jupiter zugeordnete Heilpflanzen wie Löwenzahn, Melisse und Salbei.

Vögel

Bei einer Vogelhalterin bekämpften sich zwei Papageien von unterschiedlicher Art stets zäh und ausdauernd, sobald sie aus ihren jeweiligen Käfigen gelassen wurden. Diese standen beide in der Besitz- oder Revierzone (4). Die Frau richtete sich nun nach den Komfortzonen und rückte beide Käfige in die Lernzone (3). Nach nur zwei Tagen hörten die Kämpfe auf, nach fünf Tagen besuchten die Papageien sich bereits gegenseitig in ihren Käfigen, und nach einer Woche spielten sie sogar miteinander. Schließlich saßen sie demonstrativ zusammen, so dass die Halterin einen Käfig abbauen konnte und beide Vögel seither friedlich vereint in einem geräumigen Bauer leben.
Das Sprechenlernen bei Vögeln: Hätten Sie es gerne, dass Ihr Vogel ein paar Worte »krächzen« kann? Dann sollten Sie nicht nur die Wirkung der Lernzone (3) nutzen, sondern Ihr Augenmerk besonders auf die Aufbau- oder Wachstumszone (2) richten. Diese ist nämlich in der Lage, auch angeborene Talente und natürliche Begabungen zu fördern: Eine Halterin beobachtete, dass ihre Edelpapageien dort sogar ohne menschliche Anleitung begannen, Laute, Wörter und Sätze zu imitieren.
Wenn Sie Vögel züchten, so können Sie mit Hilfe der Zonen leichter herausfinden, wo der Nistkasten platziert sein sollte. Besonders günstig wäre die Wachstumszone (2).

In der Besitz- und Revierzone kommt es nicht nur unter Papageien gerne zu Streitereien.

Hund

Die geräumige Wohnküche eines Paares wird von Menschen und Tieren gerne genutzt. Der wichtigste Treffpunkt liegt in der Vertrauenszone (6), in der sich sowohl Tisch und Sitzbank, als auch der Schlafplatz des großen, anhänglichen Hundes befinden. Das Paar hält auch noch verschiedene zahme Vögel, die bevorzugt die Bewegungszone (5) anfliegen, dort allerhand Späße treiben und den Hund ärgern. In der Ich- oder Ruhezone (1) hat eine Mülleramazone ihren Freisitz. Wenn sie dort sitzt, erlaubt sie keine Annäherung. Auch kommen hier ihre charakterlichen Eigenheiten deutlicher zum Ausdruck als in jeder anderen Zone. Die Küche wird durch die Lernzone (3) betreten. Als der Hund noch sehr jung war und nur mühsam etwas lernte, wählte die Besitzerin intuitiv richtig den Eingangsbereich, um dort mit dem Hund einfache Befehle zu trainieren.

Es dauerte übrigens eine Weile, bis der Hund begriff, dass zum Beispiel das freudige Anspringen eines Gastes nicht nur in der Lernzone (3), sondern auch in der Vertrauenszone (6) - die diese Verhaltensweise ja fördert - unerwünscht war.

Der »Hotelhund«. Ich war in einem süddeutschen Hotel angemeldet. Als ich eintraf, sah ich einen großen Schäferhund in der Nähe der Rezeption liegen. Ich schaute interessiert zu ihm hin. Die Hotelbesitzerin folgte meinen Blicken und sagte: »Der sieht so harmlos aus, aber man muss aufpassen und ihn möglichst nicht anfassen!« Irgendwie spürte ich eine Resonanz zwischen dem Hund und mir. Deshalb entwarf ich im Geiste eine Skizze der Komfortzonen und wählte die Vertrauenszone (6), die am Ende eines langen Sofas gegenüber der Rezeption begann. Ich setzte mich auf die Kante des Sofas, was die Hoteldame

In der Bewegungszone treiben Vögel auch gerne ihre kleinen Späßchen.

belustigt zur Kenntnis nahm. Fast zeitgleich erhob sich der Schäferhund, kam vorsichtig zu mir und legte sich auf den Rücken, damit ich ihn kraulen konnte.

Katze

Das unverständliche aggressive Verhalten ihres Katers gab den Anlass, die Wohnküche der befreundeten Halterin einmal unter energetischen Gesichtspunkten zu betrachten: In der Bewegungszone (5) befinden sich der Esstisch und die Stühle, in der Besitz- oder Revierzone (4) der Fressplatz des Katers. Nach dem Essen wollte die Halterin des öfteren demonstrieren, wie verschmust ihr Kater sei. Doch er fauchte, kratzte und biss, wann immer sie sich ihm in der Ich- oder Ruhezone (1) näherte. Wechselte sie in die Vertrauenszone (6), war das Tier wie ausgewechselt, friedlich und entspannt. Die Zone 4 erwies sich auch nicht als idealer Ort für die Nahrungsaufnahme: Der Kater schleppte immer wieder instinktiv Nahrung in die Aufbau- oder Wachstumszone (2) und behinderte dadurch die Dame, die in dieser Zone ihren Kochherd hat. Wollte sie in Anwesenheit des Katers etwas in den Fressnapf in Zone 4 geben, reagierte der Kater aggressiv, denn er verteidigte hier sein Revier. Die Lösung des Problems bestand einfach darin, beim Füttern und Streicheln die Zonen zu beachten.

Kaninchen

In einem kinder- und tierfreundlichen Hotel stand ein Käfig mit einem dicken Kaninchen in der Ecke eines Flurs zu meinem Zimmer. Mir fiel auf, dass es trotz aller Aufmerksamkeit der Familie lustlos und apathisch wirkte. Die Nachfrage ergab, dass der Tierarzt das Kaninchen untersucht habe, aber keine körperlichen Probleme finden konnte. Es hieß, es sei eben verhaltensgestört oder depressiv. Ein Hotelgast habe festgestellt, dass das Kaninchen auf einem geopathischen Störfeld lebe und habe diese Zone entstört. Aber das Verhalten des Tieres blieb unverändert. Ich beobachtete das Tier und fertigte eine Skizze der Komfortzonen der Etage an. Es stellte sich heraus, dass das Kaninchen in der Aufbau- oder Wachstumszone (2) lebte und sich daher aus Langeweile fast pausenlos mit dem Fressen beschäftigte. Die Hotelbesitzer hatten noch nie etwas von Feng Shui gehört, waren jetzt aber neugierig geworden. So empfahl ich ihnen einen anderen Standort des Käfigs, nämlich in der Lernzone (3). Kaum stand der Käfig an diesem Ort, begann das Tier munter herumzuhüpfen und schaute uns alle interessiert an. Sein trüber Gesichtsausdruck war wie weggeblasen. Ein paar Tage später riefen mich die Hotelbesitzer zuhause an und berichteten, das Kaninchen fresse nicht mehr so viel und sei viel zugänglicher.

In der Ich- oder Ruhezone kann ein sonst verschmuster Kater sehr aggressiv werden.

DOLMETSCHER

Tiere zeigen durch ihr Verhalten, ob sie sich in der passenden Komfortzone für bestimmte Tätigkeiten befinden.

☞ ***Dieses Verhalten zeigt das Tier.***

? ***Was bedeutet das bei diesem Tier?***

! ***So reagiere ich richtig auf das Verhalten.***

☞ Der Hamster schnüffelt auffallend herum.

? Er will die neue Umgebung auskundschaften.

! Selbst in einer fremden Umgebung zeigt der Hamster keine Angst, wenn er sich in der Lernzone (3) aufhält.

☞ Der Vogel putzt sein Gefieder.

? Ein gesunder Vogel macht dies mindestens einmal am Tag.

! Vögel putzen sich an einem Platz, wo sie sich sicher fühlen, meist ist dies die Ruhezone (1).

☞ Der Hund liegt lustlos herum.

? Seine Haltung verrät, dass er auf Abwechslung wartet.

! Locken Sie ihn in die Lern-(3) oder Bewegungszone (5).

☞ Der Hund zerrt an der Leine.

? Der Hund will nicht gehorchen.

! Wechseln Sie in eine Zone, in der er aufmerksam ist, zum Beispiel die Lernzone (3).

Der Kakadu zeigt Imponiergehabe, plustert ch auf.

Der Vogel will sich entfalten.

Die Eigenheiten eines neuen Vogels beob- chten Sie am besten in der Ichzone (1).

Das Papageienjunge marschiert mit espreizten Flügeln.

Der Vogel probiert seine Flügel aus.

In der Ichzone (1) lernt er am besten Fliegen.

Die Katze setzt zum Schlag an.

? Die Katze ist aggressiv und will jetzt nicht gestreichelt werden.

! Prüfen Sie, ob Sie sich in der Revierzone (4) aufhalten. Wechseln Sie zur Lern- (3) oder zur Vertrauenszone (6).

Das Kaninchen frisst nicht.

? Hier ist die falsche Zone für den Futterplatz gewählt.

! Wechseln Sie in die Aufbauzone (2), dann wird es fressen.

Das Pferd bleckt die Zähne, reißt die Augen auf und richtet die Ohren nach hinten.

Das Pferd ? hat etwas gerochen oder es ist unwillig.

Mit einem ! Pferd kommunizieren Sie am leichtesten in der Lern- (3) oder in der Vertrauenszone (6).

Die sieben unterstützenden Planetenkräfte

Da nicht jeder ideale Bedingungen für die Tierhaltung hat und die Komfortzonen im eigenen Wohnbereich beachten kann, erhebt sich die Frage, wie sich die Energien von nicht genutzten oder fehlenden Zonen aktivieren und bestimmte Eigenschaften fördern lassen. Im Westlichen Feng Shui benutze ich sieben unterstützende Basiskräfte, die den wichtigsten Himmelskörpern unseres Planetensystems zugeordnet werden: Sonne, Mond, Merkur, Venus, Mars, Jupiter und Saturn. (Obgleich die Sonne kein Planet ist, wird sie übrigens wegen ihrer Basisenergie als solcher verstanden.)
Jedes Lebewesen besteht nach der Westlichen Feng Shui-Lehre aus sieben Schwingungen, die den sieben Planeten gleichgesetzt werden. Jeder Planet verkörpert eine charakteristische kosmische Energie, die sich in bestimmten Strukturen oder Signaturen eines Wesens manifestiert. Darauf beruht auch die so genannte »Signaturenlehre«, die vor allem in die mittelalterliche Pflanzenalchimie Eingang fand. So verkörpert zum Beispiel der Planet Mars das Lebensfeuer und ist in seiner Wirkung beschleunigend, anregend und dynamisch. In allem, was auf der Haut brennt, dornig oder von rötlicher Farbe ist, erkannte man die Marskraft.

Einfache Anwendung

Jeder Tierhalter kann ohne jegliches astrologisches Wissen mit Hilfe der jetzt folgenden Übersichten diese Kräfte anwenden, zum Beispiel, um erwünschte Eigenschaften bei Ihrem Tier zu fördern. In den folgenden Übersichten können Sie nachlesen, welcher Planet Ihnen hilft, ein bestimmtes Ziel zu erreichen. Sie bringen die Kraft des betreffenden Planeten in Ihre Wohnung oder eine Komfortzone ein, indem Sie aus seinen hier aufgeführten Attributen eines nach Ihrem Geschmack auswählen und dort an einem beliebigen Platz aufstellen.

Vorsicht bei der Umsetzung!

Erkundigen Sie sich, ob der Gegenstand oder die Pflanze für das Tier giftig oder gefährlich sind. Gegebenenfalls müssen Sie den betreffenden Gegenstand so aufstellen, dass er dem Tier nicht gefährlich werden kann und ein Fressen nicht möglich ist. Quecksilber zum Beispiel können Sie in Form eines Thermometers bruchsicher aufhängen.

Die Sonne stärkt das Selbstbewusstsein eines Tieres.

Die Sonne

Die Sonnenkraft aktiviert die Ich-Stärke, die eigene Mitte, Ausstrahlung, Positivität, Immunkraft, Freude und das Selbstbewusstsein. Die Sonne symbolisiert die zentrierende und ausstrahlende Energie, sie zündet das Licht und das Leben an. Sie ist damit das erzeugende Prinzip und belebt den Wesenskern der Dinge. Damit ein Wesen energiestark und in seiner Mitte zentriert ist, bedarf es der Sonnenkraft. Sie gleicht auch – ebenso wie übrigens der Saturn – die fehlende Ich- oder Ruhezone (1) aus.

Attribute der Sonnenkraft

✔ Farben: Orange, Gold
✔ Element: Feuer
✔ Formen: kreisförmig, strahlenförmig, kugelig
✔ Metall: Gold
✔ Steine: Karfunkel, Sonnenauge, Heliotrop, Rubin, Bernstein
✔ Bilder von: Licht, Sonne
✔ Accessoires: Laternen, Lampen, Kugeln
✔ Gartenpflanzen: Kamille (*Chamomilla suaveolens*), Sonnenröschen (*Helianthemum-Hybriden*), Sonnenblume (*Helianthus annuus*), Pfingstrose (*Paeonia lactiflora*), Rosmarin (*Rosmarinus officinalis*), Goldrute (*Solidago-Hybriden*), Königskerze (*Verbascum-Hybride*), Eisenkraut (*Verbena-Hybriden*)
✔ Zimmerpflanzen: Aloe (*Aloë arborescens*), Kakteen (*Cactaceae*), Klivie (*Clivia miniata*), Gardenie (*Gardenia jasminoides*), Amaryllis (*Hippeastrum-Hybriden*), Wachsblume (*Hoya carnosa*), Medinille (*Medinilla magnifica*), Kranzschlinge (*Stephanotis floribunda*), Zebrakraut (*Tradescantia zebrina*)
✔ Gehölze: Esche (*Fraxinus excelsior*), Walnuss (*Juglans regia*), Lorbeer (*Laurus nobilis*)

Der Mars

Die Marskraft aktiviert Dynamik, Antriebsspannung, Sprungkraft, Spieltrieb, Vitalität, Kraft, Wärme und Sexualkraft. Er symbolisiert die dynamisch aufstrebende Energie, die energetische Veranlagung eines Lebewesens und die Willenskraft. Er aktiviert allgemein die Energie und setzt sie in Bewegung. Fehlt einem Wesen die Kraft oder ist die Qualität einer Zone ungenügend entwickelt, kann man die Energie durch Attribute der Marskraft anregen. Sie gleicht auch die fehlende Bewegungszone (5) aus.

Attribute der Marskraft

✔ Farbe: Rot
✔ Element: Feuer
✔ Formen: winkelig, spitz, pfeilförmig
✔ Bilder von: Feuer, Vulkanen, Säugetieren
✔ Accessoires: Skulpturen aus Metall, Guß- oder Schmiedeeisen, Lavasteine, Wärmequellen
✔ Metall: Eisen, Erz
✔ Steine: Diamant, Magnetstein, Jaspis, Amethyst, Granit
✔ Gartenpflanzen: Eisenhut (*Aconitum napellus*), Kornblume (*Centaurea cyanus*), Rittersporn (*Delphinium*-Hybriden), Schneeglöckchen (*Galanthus nivalis*), Rosen (*Rosa*-Arten)
✔ Zimmerpflanzen: Flamingoblume (*Anthurium-Hybriden*), Bergpalme (*Chamaedorea elegans*), Dieffenbachie (*Dieffenbachia*-Arten), Drachenbaum (*Dracaena*-Arten), Efeu (*Hedera helix*), Fensterblatt (*Monstera deliciosa*), Baumfreund (*Philodendron*-Arten), Azalee (*Rhododendron*-Arten), Bubiköpfchen (*Soleirolia soleirolii*), Einblatt (*Spathiphyllum*-Arten)
✔ Gehölze: Tanne (*Abies*-Arten), Berberitze (*Berberis thunbergii*), Ginster (*Genista*-Arten), Wacholder (*Juniperus*-Arten), Fichte (*Picea*-Arten), Brombeere (*Rubus*-Arten)

Der Mond

Die Mondkraft aktiviert Anpassungsfähigkeit, Zugehörigkeit, Fürsorglichkeit, Familiensinn, Heimatverbundenheit, Aufzucht, Sorgfalt, Wachstum und Verdauungskraft. Der Mond symbolisiert die wellenförmige, fließende und lösende Energie. Einst mit weiblichem Artikel versehen, galt er stets als Symbol des empfangenden, mütterlichen Prinzips. Er empfängt das Licht der Sonne und gibt es weiter, damit das Leben auf der Erde gedeihen kann. Der Mond hat mit dem häuslichen Leben zu tun und mit familiären Strukturen. Wenn ein Tier neu in eine Wohnung kommt, dann kann die Kraft des Mondes helfen, dass es sich schneller zu Hause fühlt. Sie gleicht auch die fehlende Besitz- oder Revierzone (4) aus.

Die Mondkraft aktiviert den Familiensinn der Tiere.

Attribute der Mondkraft

✔ Farben: Silber, Violett, Weiß
✔ Elemente: Wasser und Erde
✔ Formen: oval, fließend, ohne Fokus
✔ Metall: Silber
✔ Steine: Kristall, Selenit, Mondstein, Opal
✔ Bilder von: Wasser, Kindern
✔ Accessoires: Springbrunnen, Aquarium, Aquarelle, Spiegel, alles Reflektierende, Perlen
✔ Gartenpflanzen: Hortensie (*Hydrangea arborescens*), Ysop (*Hyssopus officinalis*), Iris (*Iris*-Arten), Wicke (*Lathyrus odoratus*), Kresse (*Lepidium sativum*), Lilie (*Lilium*-Arten), Fetthenne (*Sedum*-Arten), Veilchen (*Viola*

odorata), Stiefmütterchen (*Viola-Wittrockiana*-Hybriden)
✔ Zimmerpflanzen: Alpenveilchen (*Cyclamen persicum*), Simse (*Scirpus cernuus*), Zwergpfeffer (*Peperomia*-Arten)
✔ Gehölze: Erle (*Alnus-Arten*), Geißblatt (*Lonicera*-Arten), Kirsche (*Prunus avium*), Schneeball (*Viburnum*-Arten)

Die Venus

Die Venuskraft aktiviert Harmonie, Beziehungs- und Bindungsfähigkeit, Entspannung, Schönheit, Anziehungskraft, Erotik, Balz, Werbung und Anhänglichkeit. Die Venus symbolisiert die Ganzheit und Rundung, sie verstärkt den emotionalen Bereich, harmonisiert Energien, mildert sie gegebenenfalls und stimuliert gleichzeitig das Wohlgefühl. Sie steigert die Beziehungs- und Bindungsfähigkeit. Auch bei Problemen mit der Nachzucht von Tieren können die Attribute der Venus helfen. Seit das Venus-Metall Kupfer dem Menschen bekannt ist, stellt er Armbänder aus diesem Material her, um durch das Tragen Beziehungsprobleme zu lösen. Die Venuskraft gleicht die fehlende Vertrauenszone (6) aus und wirkt auf alle Zonen harmonisierend.

Attribute der Venuskraft

✔ Farben: dunkles Blau, Rosa
✔ Elemente: Wasser und Luft
✔ Formen: verschlungen, verziert, rundlich
✔ Metall: Kupfer
✔ Steine: Beryll, Chrysolith, Smaragd, Saphir, Karneol, Lapislazuli, Koralle
✔ Bilder von: Blumen, runden Früchten
✔ Accessoires: Schmuck, Verzierungen, Pastellbilder
✔ Gartenpflanzen: Astern (*Aster*-Arten), Glockenblume (*Campanula*-Arten), Krokus (*Crocus*-Arten), Fingerhut (*Digitalis purpurea*), Erdbeere (*Fragaria x ananassa*), Liebstöckel (*Levisticum officinalis*), Pfefferminze (*Mentha x piperita*), Vergissmeinnicht (*Myosotis sylvatica*), Narzisse (*Narcissus*-Arten), Thymian (*Thymus vulgaris*)
✔ Zimmerpflanzen: Dickblatt (*Crassula*-Arten), Guzmanie (*Guzmania*-Arten), Hibiskus (*Hibiscus rosa-sinensis*), Flammendes Käthchen (*Kalan-*

TIPP

Planetenkräfte gekonnt einsetzen

Mit Hilfe der den einzelnen Planeten zugeordneten Farben, Formen, Materialien und Pflanzen können Sie ganz bestimmte Wirkungen erzielen, verwenden Sie:
✔ die Sonne für die Stärkung der Persönlichkeit, des Selbstbewusstseins, auch zum Ver- oder Bestärken
✔ den Mond zur Förderung des Zugehörigkeitsgefühls und der Anpassungsfähigkeit, auch fürs Zum-Fließen-Bringen oder Lösen
✔ den Merkur für die Förderung der Einsicht und Lernfähigkeit und zum Verändern, Bewegen
✔ die Venus zur Förderung der Friedfertigkeit, Harmonie und Beziehungsfähigkeit und zum Ausgleichen oder Verschönern
✔ den Mars für die Förderung der Vitalität und Energie, auch zum In-Gang-Setzen
✔ den Jupiter zur Förderung des Vertrauens und zum Optimieren (auch der Heilung)
✔ den Saturn für die Förderung der Unterordnung und des Pflichtgefühls und zum Verfestigen, Erden oder Eingrenzen.

choë blossfeldiana), Lanzenrosette (*Aechmea*-Arten), Bromelie (*Neoregelia*-Arten), Orchideen (*Orchidaceae*), Palmfarn (*Cycas revoluta*)
✔ Gehölze: Hainbuche (*Caprinus betulus*), Apfel (*Malus domestica*), Zwetschge (*Prunus domestica*), Pfirsich (*Prunus persica*), Holunder (*Sambucus nigra*), Flieder (*Syringa*-Hybriden)

Der Merkur

Die Merkurkraft aktiviert Flexibilität, Kommunikation, Einsicht, Intelligenz, Neugier und Offenheit. Sie erzeugt eine drehend-anregende Energie und kann daher dem Tier helfen, sich leichter an Veränderungen anzupassen. Die Merkurkraft gleicht auch die fehlende Lernzone (3) aus.

Attribute der Merkurkraft

✔ Farbe: Gelb
✔ Elemente: Luft und Wasser
✔ Formen: wechselnde, abstrakte, geometrische Formen, Dreiecke
✔ Metalle: Quecksilber, Wismut, Aluminium
✔ Steine: Achat, Porphyr, Topas, Aquamarin, Glas
✔ Bilder von: Wolken, Himmel, Vögeln
✔ Accessoires: Mobiles, spielerische, bewegliche Elemente, technische und abstrakte Strukturen oder Skulpturen, Bleistiftzeichnungen
✔ Gartenpflanzen: Bärlauch (*Allium ursinum*), Eberraute (*Artemisia abrotanum*), Wegwarte (*Cichorium intybus*), Lavendel (*Lavandula officinalis*), Majoran (*Origanum majorana*), Baldrian (*Valeriana officinalis*)
✔ Zimmerpflanzen: Elefantenfuß (*Beaucarnea recurvata*), Kamelie (*Camellia*-Arten), Weihnachtsstern (*Euphorbia pulcherrima*)
✔ Gehölze: Waldrebe (*Clematis*-Arten), Haselnuss (*Corylus avellana*), Ginkgo (*Ginkgo biloba*)

Der Jupiter

Die Jupiterkraft aktiviert Vertrauen, Glauben, Gesundheit, Begeisterung, Reise- und Hilfsbereitschaft. Er symbolisiert die erweiternde und füllende Energie. Er unterstützt deshalb alles, was der Erweiterung und Verbesserung bedarf und vermittelt neue Perspektiven. Damit überwindet er auch Ängstlichkeit und mangelndes Selbstvertrauen. Seine Kraft ist generell für Wachstum und Fülle zuständig. Hat ein Tier zu wenig Lebenskraft oder Schwächen, so

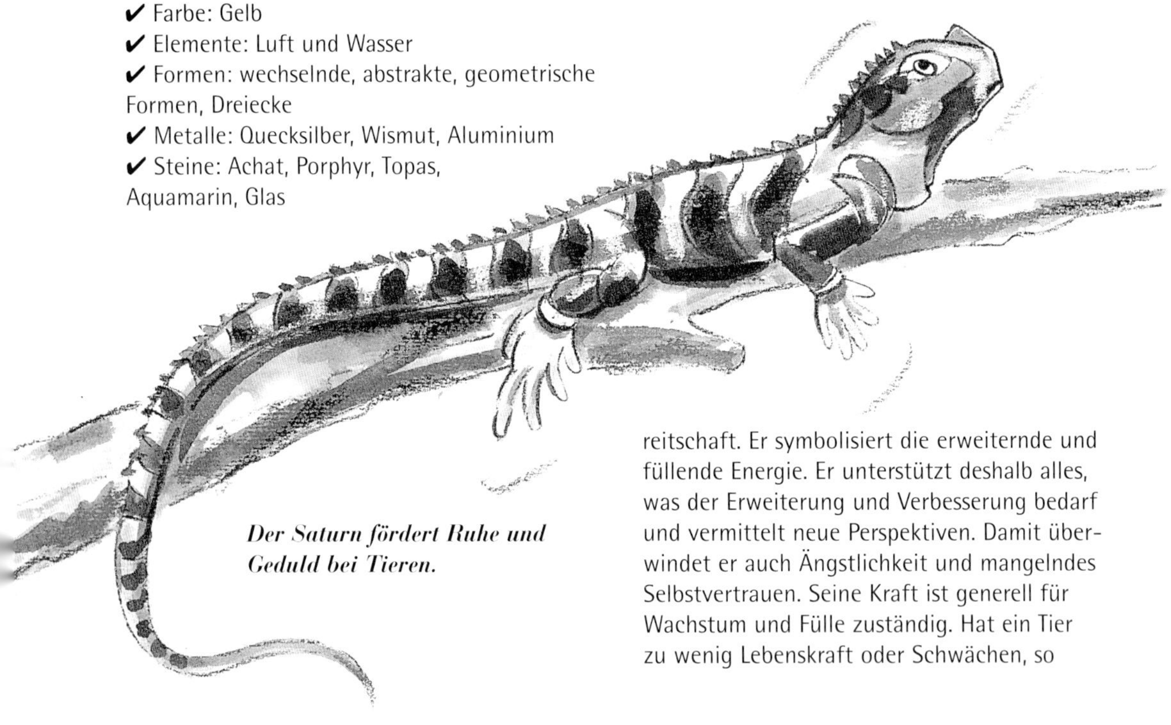

Der Saturn fördert Ruhe und Geduld bei Tieren.

sorgt Jupiter für mehr Lebensfülle. Er gleicht auch die fehlende Aufbau- oder Wachstumszone (2) aus.

Attribute der Jupiterkraft

✔ Farbe: Hellblau
✔ Element: Luft
✔ Formen: üppig, traubenförmig
✔ Metalle: Zinn, Bronze, Messing
✔ Steine: Hyazinth, Beryll, Türkis
✔ Bilder von: Bäumen, Bergen, Weite, Landschaften
✔ Accessoires: Religiöse Gegenstände, Fremdländische Kunst, Holz, Säulen
✔ Gartenpflanzen: Nelken (*Dianthus*-Arten), Leberblümchen (*Hepatica transsylvanica*), Alant (*Inula helenium*), Zitronenmelisse (*Melissa officinalis*), Salbei (*Salvia officinalis*), Hauswurz (*Sempervivum*-Arten)
✔ Zimmerpflanzen: Zierspargel (*Asparagus*-Arten), Begonie (*Begonia-Elatior*-Hybriden), Jasmin (*Jasminum officinale*), Olivenbaum (*Olea europaea*), Passionsblume (*Passiflora caerulea*), Cinerarie (*Senecio Cruentus*-Hybriden), Gloxinie (*Sinningia*-Hybriden)
✔ Gehölze: Ahorn (*Acer*-Arten), Kornelkirsche (*Cornus mas*), Esche (*Fraxinus excelsior*), Zaubernuss (*Hamamelis*-Arten), Winterjasmin (*Jasminum nudiflorum*), Platane (*Platanus x hispanica*), Eberesche (*Sorbus aucuparia*), Heidel- und Preiselbeere (*Vaccinium*-Arten)

Der Saturn

Die Saturnkraft aktiviert Wesensfestigkeit, Stabilität, Zuverlässigkeit, Konzentration, Geduld, Gelassenheit, Anerkennung von Grenzen, Annahme von Schicksal und das Gefühl des Schutzes. Er symbolisiert die konzentrierende, verengende Energie sowie die Schwerkraft und verleiht die Fähigkeit zur Kristallisierung. Er bildet die äußere Begrenzung eines Lebewesens und gibt der Abwehrkraft eine Richtung. Die Saturnkraft übt eine Schutzfunktion aus. Günstig können Saturnkräfte für Lernphasen sein, in denen zwar Offenheit da ist, das Tier aber nicht die nötige Konzentration aufbringt und sich ständig ablenken lässt. Auch wenn ein Tier sich nicht gegen andere abgrenzen kann oder wenn sein Immunsystem schwach ist, können die Saturnattribute helfen. Sie gleichen auch – ebenso wie die der Sonne – die fehlende Ich- oder Ruhezone (1) aus.

Attribute der Saturnkraft

✔ Farben: Dunkelgrün, Braun, Schwarz, Grau
✔ Element: Erde
✔ Formen: rechteckig, konstruiert, fest
✔ Metall: Blei
✔ Steine: Onyx, Chalcedon, Malachit, Tigerauge
✔ Bilder von: Mineralien, Steinen
✔ Accessoires: Antiquitäten, Tusche- und Kohlezeichnungen, Gegenstände aus Ton, Gips, Knochen
✔ Gartenpflanzen: Heidekraut (*Calluna vulgaris*), Kürbis (*Cucurbita maxima*), Christrose (*Helleborus niger*), Hyazinthe (*Hyacinthus*-Arten), Tulpe (*Tulipa*-Arten)
✔ Zimmerpflanzen: Pantoffelblume (*Calceolaria*-Hybriden), Kokospalme (*Cocos nucifera*), Kroton (*Codiaeum variegatum*), Birkenfeige (*Ficus benjamina*), Feige (*Ficus carica*), Fleißiges Lieschen (*Impatiens walleriana*), Bogenhanf (*Sansevieria trifasciata*), Aralie (*Schefflera*-Arten), Palmlilie (*Yucca aloifolia*)
✔ Gehölze: Buchs (*Buxus sempervirens*), Weißdron (*Crataegus*-Arten), Quitte (*Cydonia oblonga*), Buche (*Fagus sylvatica*), Efeu (*Hedera hellix*), Pappel (*Populus*-Arten), Birne (*Pyrus communis*), Eibe (*Taxus baccata*), Schlehe (*Prunus spinosa*), Lebensbaum (*Thuja occidentalis*), Ulme (*Ulmus*-Arten), Immergrün (*Vinca minor*)

Tiere und Reizzonen

Vögel meiden nach Möglichkeit den Aufenthalt in Reizzonen.

Von Natur aus gibt es auf der Erde Bereiche mit starker oder schwacher Strahlung. Generell kann man sagen, dass in wasserreichen Gebieten, solchen mit viel Sandstein und Orten, an denen irgendwann ein Meteorit niedergegangen ist, starke Energiesender auftreten. Tiere und Pflanzen können Hinweise auf die Strahlung eines Platzes liefern. Unsere Vorfahren etwa achteten darauf, ob die heute selten gewordenen Schwalben oder Störche ihr Haus aufsuchten, denn beide Vogelarten brauchen eine positive, schwache Strahlung. Mieden sie ein Haus - was auf starke Strahlenbelastung hinweist - so bedeutete das für die Bewohner Unglück und Krankheit. Wenn Bäume kuriose Windungen oder viele Zusatztriebe entwickeln, können Sie sicher sein, dass eine starke Strahlung an dem Ort herrscht. Stellen Sie dort nie den Vogelkäfig oder den Schlafkorb für Ihren Hund hin. Günstig ist dieser Platz dagegen für Tiere, die Strahlung lieben, etwa für Reptilien und Fische.

Elektromagnetische Strahlung

Unter strahlungsaktiven Plätzen seien hier nur solche verstanden, die auf natürlichen Strahlenquellen beruhen. Elektromagnetische Strahlung fällt nicht darunter – sie sollte vermieden werden. Halten Sie Ihre Tiere also möglichst fern von Elektrosmog-Quellen wie Steckdosen, Fernseher, Computer und Handy. Dies gilt besonders für die Ich- oder Ruhezone (1). Wohnen Sie im Bereich von Funksendemasten, die eine starke Strahlung abgeben, wird Ihnen der Rosenquarz eine gute Hilfe sein (→ Seite 46).

Positive Wirkungen:
Es ist falsch, strahlungsaktive Zonen als Übel aller Dinge anzuklagen, wie dies heute oft geschieht. Alle Wesen brauchen Reizzonen, die Energie aktivieren – aber auch strahlungsarme Zonen, damit sie wieder zur Ruhe kommen können. Der Ausgleich ist hier das entscheidende. Reizzonen können für den Tierhalter wichtig werden, wenn er ein Tier hat, das stets gesund war und plötzlich eine Krankheit bekommt. In der Phase der Gesundung kann es für kurze Zeit überaus günstig sein, dem Tier einen strahlungsaktiven Platz zu geben, um die Körperenergetik anzukurbeln.

Stark strahlende Orte

Ein solcher Ort zeichnet sich durch eine positive, dynamische, oftmals drehende Energie aus. Er ist günstig für körperliche Bewegung und für Aktivität, jedoch ungünstig für Wesen, die Ruhe und Erholung brauchen, an Übernervosität und Stress leiden. Viele Tiere und Pflanzen geben Hinweise auf solche Plätze. Wildtiere legen ihre Wechsel auf Wasseradern an, was ihnen Energie für ihre Wanderung gibt und zur Orientierung dient. Bei Reizzonen-Suchern wie den Bienen steigert sich der Honigertrag, bei Katzen die Vermehrung.

Katzen hingegen lieben Reizzonen – und Computer-Mäuse.

✔ Reizzonen-Sucher unter den Tieren:
Viele Insekten, Katzen, Schlangen, Eidechsen, Wasservögel wie Enten und Gänse, Fische.
✔ Reizzonen-Sucher unter den Pflanzen:
Wasserbäume wie Weide und Erle, Nadelbäume, Haselnuss, Holunder, Brombeere, Farne, Bambus, Schilf, Fingerhut, viele Heilpflanzen, im Haus Kakteen, Philodendron, Zierspargel.

Strahlungsarme Orte

Dort herrscht eine magnetische, ruhende Energie, die günstig für Erholung und Entspannung, Beruhigung und Harmonisierung ist. Sie ist jedoch ungünstig für Wesen, die an mangelnder Energie und Vitalität leiden, denen die Antriebskraft fehlt, sowie für alles, was Spiel, Bewegung und Belehrung betrifft. Eine Reihe von Pflanzen und Tieren zeigen solche Orte an.

✔ Reizzonen-Flüchter unter den Tieren:
Pferde, Rinder, Schafe, Schweine, Ziegen, Rehe, Vögel, Hunde, Kaninchen, Mäuse.
✔ Reizzonen-Flüchter unter den Pflanzen:
Buche, Linde, Weißdorn, Apfel, Birne, Kirsche, Walnuss, Rose, Nelke, Primel, im Haus Azalee, Begonie, Gummibaum.

Natürliche Störfelder ausgleichen

Es war der österreichische Naturwissenschaftler Erich Körbler, der die Bedeutung von geometrischen Mustern in der Natur erforschte. Er beobachtete, dass immer dort an Bäumen das Y-Zeichen in der Astbildung auftaucht, wo ein

Zuviel an Energie kanalisiert werden muss. In der Form des gleichseitigen Kreuzes + entdeckte er, dass sich die verschiedenen Ladungen gegenseitig aufheben. Er entwickelte daraus ein System, das er als »Neue Homöopathie« bezeichnete:

✔ Das Y fördert und kanalisiert Kräfte, es wirkt als Zeichen aufbauend. Baut sich die Energie an einem Ort nicht günstig auf, so kann man dies mithilfe des Y-Zeichens fördern.

✔ Ist ein Zuviel an Bodenstrahlung vorhanden, so neutralisiert die + Form alle diese Energien. Körbler hat sogar Leintücher (Bezugsquelle → Seite 62) entwickelt, die jeweils eine der Formen aufgeprägt haben, um Schlafplätze zu entstören. Die beiden Zeichen können aber auch selbst aus Holz oder Metall angefertigt und auf den Schlafplatz gelegt werden, um Energien zu fördern oder zu unterbinden.

Ein besonders guter Strahlenfänger ist der Rosenquarz. Er muss allerdings immer wieder unter fließendem Wasser abgewaschen werden, da sich sonst seine Wirkung mit der Zeit umkehrt. Haben Sie das Gefühl, in Ihrem Haus herrscht eine starke Bodenstrahlung – oder wohnen Sie im Bereich eines Funksendemastens, sollten Sie auf jeden Fall Ihren Schlafplatz und den Ihres Haustiers damit entstören.

Der Tierhalter als Energiequelle

Im Kapitel über die Elemente klang schon die Bedeutung des fünften Elements an, der Quintessenz. Darauf möchte ich jetzt näher eingehen. Ein Raum an sich ist keine leere Hülle, sondern besteht aus einer Art Fluidum, die unsere Vorfahren als Ätherenergie bezeichneten. Der Raum entsteht aus dieser »feinstofflichen« Materie und ist deshalb eine lebendige Wesenheit, die Informationen und Signale weiterleiten und speichern kann. Besuchen wir ein altes Schloss, eine alte Kirche oder einen uralten Baum, so können wir in der dortigen »Atmosphäre« etwas von der Wirkung der Quintessenz spüren. Sie ist die lebendige Substanz des Raumes, die alle Wesen miteinander verbindet und die es erst möglich macht, dass wir mit bestimmten Materialien die Schwingung oder Atmosphäre eines Ortes verändern können. Die Quintessenz spielt nun vor allem in der Beziehung zwischen Tier und Mensch eine wichtige Rolle. Vom Halter geht eine für das Tier mächtige energetische Schwingung aus, die wir selten wirklich be-

Mäuse sind sehr sensible Reizzonen-Flüchter.

wusst wahrnehmen. Sie können nach den harmonisierenden Gesetzen des Östlichen oder Westlichen Feng Shui Ihr ganzes Haus umgestalten, es wird Ihrem Tier gar nichts bringen, wenn die Energie zwischen Ihnen beiden nicht stimmt – denn Ihre energetische Ausstrahlung ist die wichtigste »Strahlungsquelle« für das Tier! Wenn Sie eine gute Kommunikationsebene zu Ihrem Tier aufgebaut haben und ihm gute Lebensverhältnisse bieten, ist das der beste Garant dafür, dass es sich wohl fühlt und voller Vitalität ist. Dann wird auch sein Immunsystem gestärkt und es reagiert toleranter auf natürliche und künstliche Störfelder.

Stress richtig ausgleichen. Tiere spüren meist sehr genau die unterdrückten Spannungen in einer Menschengemeinschaft oder bei einem einzelnen Menschen. Sie reagieren mit scheinbar plötzlichen körperlichen oder psychischen Verhaltensweisen, die im Grunde nur eines signalisieren: Ich kann die Disharmonie, das Zuviel an Spannung, die negativen Gefühle wie Wut, Hass oder Neid nicht länger ertragen! Sind wir häufig in schlechter Stimmung, stehen unter Dauerstress oder sind ständig überlastet, spürt es das Tier und bricht genau so wie wir unter der Last zusammen. Die Frage, wie man solche Situationen für ein Tier erträglich machen kann, bedeutet, auch für sich selbst nach Lösungen zu suchen. Es macht aber zum Beispiel einen großen Unterschied aus, wenn man in stressreichen Zeiten dem Tier erklärt, dass jetzt wenig Zeit zum Spielen ist, dass man müde ist und Ruhe benötigt und auf eine baldige Besserung des Zustandes hofft. Tiere verstehen zwar nicht unsere Worte, wohl aber ihre emotionalen und mentalen Botschaften. Jeder Tierfreund weiß, dass Tiere so etwas wie Verständnis und Mitgefühl für ihren Halter entwickeln, wenn das Band der Zuneigung und Kommunikation gut ausgebildet ist.

Checkliste
Reizzonen

Erkennen, wann ein Tier in einer ungünstig bestrahlten Zone lebt

1. Vögel sind nervös, lethargisch, flugunlustig, besonders Papageien rupfen sich die Federn aus.
2. Katzen sind aggressiv, kratzen, obwohl sie eigentlich gekrault werden wollen.
3. Hunde sind lernunwillig, verstehen nichts, verweigern das Fressen, verteidigen ihr Revier.
4. Nagetiere sind apathisch oder manchmal auch aggressiv, fressen zu viel, vermehren sich zu schnell.
5. Fische meiden eine Aquariumsseite, fressen Artgenossen, sterben ohne Krankheitsbefund.
6. Schildkröten sind aggressiv, verhungern im Winterschlaf, bringen als Paare keinen Nachwuchs.
7. Reptilien neigen zu Krankheiten, verweigern die Nahrung.
8. Pferde lassen sich nicht striegeln oder satteln, zeigen Nervosität.

WAS TIERE IN UNS ANREGEN

Sie fühlen sich zu Ihrem Tier hingezogen und halten es so optimal wie möglich. Es geht Ihrem Liebling entsprechend gut. Vielleicht aber haben Sie schon gemerkt, dass das Tier auch Ihnen guttut und Sie recht viel von ihm profitieren?

Menschen- und Tierpersönlichkeiten

Es ist am Anfang dieses Buches schon angeklungen, dass es kein Zufall ist, welche Tierart und welche Tierpersönlichkeit in unsere Hände gelangt. Da gibt es einmal jene außergewöhnlichen Sonderfälle, die jeder altgediente Hunde-, Katzen-, Pferde- oder Vogelliebhaber bestätigen kann: Unter den Tieren einer Art erscheint einmal oder höchstens zweimal im Leben eine ganz besondere Persönlichkeit. Es ist so, als würde dieses Tier einen ganz bestimmten Menschen auswählen, um sich bei ihm dem Menschenreich sehr weit anzunähern. Es entwickelt sich eine besonders innige Kommunikation jenseits von Worten. Der Halter oder die Halterin eines solchen Tieres lernt dabei ausgesprochen viel über sich und das Tierreich.

Erkenne Dich im Tier. Allgemein sagt es sehr viel über uns aus, zu welchen Tieren wir einen leichten Zugang haben - und auch, welche Tiere in unserem Lebensumfeld scheinbar plötzlich und unvermittelt erscheinen. Das können Haustiere, aber auch Wildtiere sein. In allen alten spirituellen Kulturen wird jedes Wesen als Bote der Götter betrachtet und damit erfährt dieses Wesen eine Würdigung, das Leben erhält einen tieferen Sinn – an dem wir heutigen Menschen oft Mangel leiden. Der große Naturarzt Paracelsus schrieb, dass die Tiere viel sensitiver wären als der Mensch und viele Dinge früher wahrnähmen. Deshalb habe Gott gerade sie ausgewählt, um den Menschen die Zukunft anzukündigen. Wenn Sie auf Ihrem Spaziergang also einem Tier begegnen oder in Ihrem Garten ein ungewöhnlicher Gast auftaucht, denken Sie darüber nach, was Ihnen das Tier sagen möchte, welche Botschaft aus der göttlichen Welt es mit sich bringt. Wir wollen diesem Phänomen im Bereich der Heimtiere in diesem Kapitel noch ein wenig nachspüren. Ich stelle die wichtigsten Arten vor und ihre energetische Bedeutung – denn wenn sie in unser Leben treten, bringen sie eine bestimmte Energie mit, die wir durch das Westliche Feng Shui eigentlich nur kanalisieren und mit uns selbst in Harmonie bringen. Dazu erwähne ich zur Erinnerung das dem Tier zugeordnete Element, die Himmelsrichtung und den Planeten, damit Sie alle energetischen Informationen noch einmal an einer Stelle gesammelt haben.

Das fröhliche Spielen mit dem Hund regt auch im Menschen viel an.

Der Fisch

Element: Wasser
Himmelsrichtung: Norden
Planet: Mond

Was bedeutet es, wenn Sie eine Neigung zu Fischen entwickeln, Ihr Aquarium liebevoll ausstatten und gerne den Fischen zuschauen?

Deutung: Sie brauchen in Ihrem Leben ein ganz eigenes Milieu, das Sie tragen kann. Auseinandersetzungen oder Abgrenzungen sind nicht Ihre Stärke, sondern Sie suchen sich die Bedingungen, die Ihnen entsprechen. Es sind die unterbewussten Sehnsüchte und Ahnungen, die Sie durchs Leben treiben. Sie brauchen gefühlsmäßigen Einklang mit Ihrer Umgebung, der über Vernunft nicht herzustellen ist. Es ist die unsichtbare Seite des Lebens, die Sie fasziniert. Sie sind stark verbunden mit dem lebenserschaffenden Prinzip, mit den Themen Fruchtbarkeit, Lebenserhaltung und Erneuerung. Zwei Seiten versuchen Sie in Ihrem Leben zusammenzubringen, den materiell bestimmten Alltag und Ihre Kreativität ohne Nützlichkeitsdenken und Leistungsdruck. Der Fisch ist stets ein Symbol für die Kraft des Neubeginns. Wie im Meer der sich ewig erschaffenden und wieder auflösenden Formen, kommen Dinge in Ihr Leben und verschwinden wieder daraus. Was bleibt, ist die lebendige, reiche Erinnerung, die das innere Gefäß, die Seele, füllt.

Der Frosch

Element: Erde/Wasser
Himmelsrichtung: Westen
Planet: Mond

Gehören Sie auch zu den Menschen, die Frösche in Terrarien halten, seit sie in Gärten so selten geworden sind? Oder haben sich plötzlich quakende Frösche einen kleinen Tümpel in Ihrer Nähe auserwählt?

Deutung: Symbolisch sagt der Frosch: Sie sind auf der Suche nach Ihrer eigentlichen Bestimmung. Manches haben Sie ausprobiert, aber es war noch nicht das, was Sie suchten. Jetzt kommt die Zeit, wo die Dinge klarer werden, wo Sie aus der Dunkelheit in den hellen Tag treten. Es kommen Ihre Qualitäten und Potentiale zum Vorschein oder es ist Zeit, lange vernachlässigte Talente zu fördern.

Die Kröte

Element: Erde
Himmelsrichtung: Westen
Planet: Mond

Was bedeutet es, wenn Kröten vermehrt in Ihrem Lebensumfeld auftauchen, oder Sie sich entschließen, die Tiere zu halten?

Deutung: Kröten erscheinen in Ihrem Leben, wenn Sie das Gefühl haben, an Grenzen zu stoßen. In gewissem Sinne sind Sie Grenzgänger zwischen dem äußeren und dem inneren Leben, also zwischen Diesseits und Jenseits. Es kann eine Krisenzeit sein, durch die Sie genötigt sind, innezuhalten, die jedoch inneres Wachstum und Reifen in sich tragen. Es ist, als würden Sie die Pforten des Jenseits am Horizont erkennen und dann den Entschluss fassen, wieder Vertrauen in das Leben und seine Magie zu gewinnen. Die Kraft, die Sie daraus schöpfen, befähigt Sie, verborgene Gaben aus dem Unterbewussten ans Licht zu holen. So wie die Kröte untrüglich weiß, wo ihr bester Laichplatz ist – ungeachtet aller Hindernisse – wächst aus der Krise eine tief greifende Lebenserfahrung, die Sie zu einem guten Ratgeber, Begleiter und Helfer für andere Menschen und Tiere macht.

Begegnen Sie einer Kröte in Ihrem Garten, so wird sie Sie mit großen Augen lange anschauen. Tauchen Sie einmal in diesen tiefen Blick ein und Sie werden verstehen, wieso sie einst der großen Mutter zugeordnet war.

Die Eidechse

Element: Erde/Luft
Himmelsrichtung: Westen
Planet: Sonne

Züchten Sie Eidechsen in der Wohnung oder bekommen Sie im Garten öfter von ihnen Besuch?

Deutung: Noch heute betrachtet der Gärtner es als Glückszeichen, wenn Eidechsen seinen Garten bewohnen. Sie gelten in der Tiersymbolik als Erscheinung der »Großen Mutter« und zeigen einen Platz an, der ihr heilig ist. Die Eidechse zeigt das Aufgehen Ihrer inneren Sonne an. Manche Veränderung wird in Ihrem Leben stattfinden und manch alte Haut werden Sie abstoßen. Aber Ihr inneres Wesen ist unzerstörbar und bleibt erhalten. Dies sollten Sie als Gedanken mitnehmen, wenn Ihr Leben wieder einmal aus den Fugen gerät. Die Energie der Eidechse regt in Ihnen die Beschäftigung mit den Heilkräften der Natur an, vor allem mit der Kraft der Steine und Kristalle.

Der Salamander

Element: Erde/Feuer
Himmelsrichtung: Westen
Planet: Mars

Halten Sie Salamander oder sind Sie kürzlich beim Spaziergang auf einen gestoßen?

Deutung: Der Salamander ist das Symbol der Seele. Der Feuersalamander zeigt einen Spannungszustand zwischen Körper und Geist an. Leben Sie Ihre materielle, körperliche Seite, steht das für die dunkle Farbe des Salamanders und Sie können leicht zum reinen Genussmenschen werden. Leben Sie zu sehr Ihre geistige Seite, so können Sie zum einzelgängerischen Philosophen werden, der die körperlichen, irdischen Aspekte des Lebens völlig vernachlässigt. Dafür steht die gelbe Farbe des Salamanders. So wie beim Feuersalamander beide Farben harmonisch zu einem Muster vereint sind, besteht für Sie die dritte Möglichkeit, eine Balance zwischen beiden Seiten anzustreben, wodurch die seelische Ebene angesprochen wird. Die Kraft der Seele äußert sich in der Annahme und Begeisterung des Lebens.

Fische symbolisieren die Suche nach einem harmonischen Leben in Einklang mit der Natur.

Die Schlange

Die Schlange steht für Bewusstseinserweiterung und ist auch ein Symbol der Weisheit.

Element: Erde-Feuer
Himmelsrichtung: Westen
Planet: Merkur

Haben Sie Spaß daran, Schlangen zu halten oder begegnen Sie in letzter Zeit öfter einem Exemplar in freier Natur?

Deutung: Da die Schlange sowohl ein Tier ist, das über den Erdboden kriecht, als auch ein Tier, das sich an Baumstämmen emporwindet, war sie stets ein Symbol für die Dualität der Kräfte. Sie verkörpert die sexuelle Kraft, den Instinkt, und ist gleichzeitig ein Symbol für Transzendenz. Destruktive und konstruktive Kraft wohnen eng beisammen. Die Brücke von der einen zur anderen nennen wir Heilung. In Ihrem Leben spielt das Heil- und Ganzwerden eine wichtige Rolle. Sie werden sicherlich Perioden in Ihrem Leben haben, in denen Sie sich mehr auf die Instinktseite verlegen, in denen die Tiefe der unterbewussten Gefühle der entscheidende Faktor ist. Diese Kraft, einseitig gelebt, ist auf Dauer nicht gesund und irgendwann werden Sie beginnen, höhere Ebenen des Lebens zu ergründen. Dies ist der Weg zu einer Bewusstseinserweiterung: die Schlange wird zum Symbol der Weisheit. Was Sie in Ihrem Leben auch tun, wird mit starkem Nachdruck und mit Energie geschehen. Die Reinheit der Motive, das Wissen um höhere Werte sind der beste Schutz um zu verhindern, dass Ihre Energien in falsche oder unerwünschte Kanäle fließen. Die

Schlange steht weiterhin für die Integration der männlichen und weiblichen Kräfte. Es gilt also, die Sensibilität und Kreativität mit der vernünftigen, praktischen Seite zu verbinden.

Die Schildkröte

Element: Erde
Himmelsrichtung: Westen
Planet: Saturn
Warum treten Schildkröten in Ihr Leben? Welche Energien aktivieren sie bei Ihnen?
Deutung: Die Schildkröte ist ein Symbol für die im Inneren eingeschlossene kreative Kraft der Verwandlung. Sie arrangieren sich mit bestimmten Lebensumständen und einer festgeschriebenen Weltsicht. Schutz und Sicherheit bedeuten Ihnen viel. Alles wird abgewehrt, was die innere Integrität und Weltsicht bedrohen könnte. Ihr Leben wird stark geprägt sein von Ihrer Sicht der Welt, die für Sie den Maßstab bildet. Sehr flexibel sind Sie in dieser Hinsicht nicht, denn Sie suchen Ihre eigene Wahrheit. Davon erhoffen Sie sich innere Standfestigkeit. Gleichzeitig steckt aber in Ihnen ein schöpferisches Potential, das nach Verwirklichung strebt. So kann es zur Reibung zwischen den Kräften der Selbstentfaltung und der Selbsterhaltung kommen. Es ist die Schildkröte, die symbolisch Erde und Wasser voneinander scheidet. Das bedeutet für Sie, Ihre Welt der Gefühle und die Welt der irdischen Realitäten werden voneinander geschieden, so dass Sie das Richtige im geistigen Sinne erkennen können und dadurch wirkliche Entscheidungskraft erlangen. Damit die schöpferischen Kräfte aus der »Unterwelt« Ihres Bewusstseins auftauchen können, müssen Opfer gebracht werden. Es kann sein, dass Sie etwas aufgeben oder eine Phase der körperlichen Schwäche durchleben müssen. Dafür entwickelt sich bei Ihnen ein großes schöpferisches Potential, und Sie können über sich selbst hinauswachsen. Lassen Sie sich Zeit und lassen Sie die Dinge langsam reifen.

Der Hamster

Element: Erde
Himmelsrichtung: Westen
Planet: Saturn
Zählen Sie zu den begeisterten Haltern von Hamstern? Was heißt das für Sie?
Deutung: Sie brauchen die Sicherheit eines geordneten Umfeldes. Ihr Heim, ein Kreis von Freunden, der sichere Hort, an den Sie jederzeit zurückkehren können, sind wichtig für Sie. Anderen gegenüber sind Sie so lange zurückhaltend, bis Sie vertraut mit Ihnen werden. In sich bergen Sie viele Talente, die Sie aber nur ausdrücken können, wenn Sie sich sicher und unterstützt fühlen. Sie sollten lernen, mehr aus sich herauszugehen, Ihre Ich-Kraft zu stärken und etwas aus Ihren Möglichkeiten machen. Lernen Sie Ihre Sensibilität als Stärke zu erfahren und nicht als Ängste. Anderen können Sie dann viel Humor und Leichtigkeit bringen. In der heutigen hektischen Zeit hat der Hamster als Haustier übrigens eine große Bedeutung: Er wird erst am Abend aktiv, lebt als Einzelgänger und braucht nur beschränkten Wohnraum. Kinder lieben Hamster wegen ihres drolligen Wesens, ihrer Gelehrigkeit und natürlich wegen den großen, dunklen Knopfaugen.

Das Meerschweinchen

Element: Erde
Himmelsrichtung: Westen
Planet: Sonne
Was heißt es, wenn Sie diese Tiere lieben?
Deutung: Sie sind gerne mit anderen Menschen zusammen und lieben es, bewundert zu werden. Die ganze Welt erscheint Ihnen voll faszinierender Möglichkeiten, deren ganze Fülle Sie kennen lernen und auskosten möchten. Schlecht

Checkliste
Das Tier besser verstehen

1 **Um einen guten Zugang zu Ihrem Tier zu finden, bedarf es der Erkenntnis, dass jedes Tier ein Wesen mit Seele und Gefühl sowie Geist und Denkvermögen ist. Betrachten Sie es also als gleichwertigen Partner.**

2 **Nehmen Sie sich Zeit und Ruhe, um das Wesen Ihres Tieres zu ergründen. Dies ist vor allem zu Beginn einer Partnerschaft wichtig, denn da können Sie noch leichter die Weichen für das spätere Verhalten stellen. Manchmal kann Ihnen auch ein Geburtshoroskop Ihres Tieres zusätzliche Einblicke in sein Wesen geben.**

3 **Machen Sie sich die Elemente (→ Seite 14/15) zunutze. Wie verhält und äußert sich Ihr Tier? Es ist für Tierärzte übrigens immer wieder erstaunlich, wie oft sich Charakterzüge und Krankheiten zwischen Tier und Halter decken.**

4 **Die Übungen auf Seite 64 können Ihnen helfen, noch sensibler auf Ihr Tier einzugehen.**

können Sie es ertragen, wenn Sie etwas nicht bekommen oder sich zurückgesetzt oder zurückgewiesen fühlen. Gerne bestimmen Sie selbst, was Sie möchten, denn Sie brauchen das Gefühl von Selbstständigkeit. Sie brauchen auch in Bindungen viel Freiheit und lassen sich gerne ein Hintertürchen offen. Es mag Ihnen scheinen, dass die Welt allein für Sie gemacht ist, denn viele Dinge fallen Ihnen einfach zu. Im Laufe Ihres Lebens werden Sie aber auch nach den wirklichen Wahrheiten und Werten suchen müssen und die liegen nicht an der Oberfläche.

Der Hase/das Kaninchen

Element: Feuer-Erde
Himmelsrichtung: Süden
Planet: Mond
Was bedeutet es, wenn Sie ein Interesse an Hasen/Kaninchen entfalten? Welche Energie regen diese Tiere in Ihnen an?
Deutung: Die kleine Gemeinschaft, die Familie, ist eine wichtige Einheit für Sie. Sie achten darauf, einen Ort des Friedens für sich zu entwickeln, in welchem Sie Ihre Kräfte regenerieren können. Für den einen mag dies der eigene Garten oder das Heim sein, für andere der stille Ort der Meditation. Durch Ihre Sensibilität haben Sie die Fähigkeiten, ganz subtile Schwingungen wahrzunehmen, was für einen therapeutischen, erfinderischen oder künstlerischen Beruf sehr hilfreich sein kann. Die kleinen Nagetiere regen in Ihnen das Bedürfnis an, anderen helfen zu wollen. Sie haben von Natur aus eine nervöse Konstitution und suchen nach schnellen Lösungen. Ihr Lebensweg wird aber nicht schnurgerade sein, sondern viele Windungen haben. Das mag Ihnen zu Zeiten anstrengend sein. Der Vorteil des gewundenen Weges ist jedoch, dass dieser Sie immer wieder zu Neuem führt, das Ihre Kreativität anregt.

Die Maus

Element: Erde
Himmelsrichtung: Westen
Planet: Saturn

Sie lieben die kleinen Nager und züchten Sie vielleicht selbst?

Deutung: Sie befinden sich in einer Spannung zwischen Fülle oder Überfluss und Kargheit oder Not. Denn Mäuse können Nahrung und Gold finden, aber auch die Fruchtspeicher leeren oder sie sind leicht sichtbar in schlechten Zeiten, in denen der Speicher leer ist. In Ihrem Leben treten Sie jetzt in eine Zeit ein, in der alte Strukturen zerfallen, überaltete Dinge und Einstellungen keinen Bestand mehr für die Zukunft haben. Äußerlich ist dies eine schwierige Zeit, weil Ihnen wenig gelingen mag. Die Maus symbolisiert eine Zeit, in der die unterbewussten Kräfte verstärkt zum Vorschein kommen, die Nachtseiten des Lebens. Der Grund dafür ist, dass die Seele sich ein Stück weit von der äußeren Welt zurückzieht, um der inneren Welt mehr Raum zu geben. Dies ist ein ausgesprochen wichtiger Prozess, da Schwächen oder Fehlorientierungen offenbar werden, die jetzt verändert werden können.

Die Ratte

Element: Erde
Himmelsrichtung: Westen
Planet: Saturn

Sie sind ganz im Trend der Zeit und halten sich eine Ratte in der Wohnung?

Deutung: Ratten sind sehr intelligent und wirken lieber im Hintergrund. Sie stehen symbolisch für mentale Energien und Gedankenübertragung. Für Sie bedeutet die Haltung von Ratten, dass Sie bemüht sind, die Kontrolle über Ihre Gefühlswelt und Umwelt zu behalten. Ihr Scharfsinn ist Ihnen dabei behilflich. Sie haben ein gutes Auffassungsvermögen und können sich schnell an Situationen anpassen. Es ist schwierig, zu Ihrem inneren Wesen vorzudringen: Sich zu öffnen und zugänglich für andere Lebewesen zu sein, hieße, sich emotional einzubringen. Die Symbolenergie der Ratte bringt Sie in Kontakt mit dem Thema »Erlösung«. In Ihnen ruht ein wahrer Schatz an schöpferischen Kräften, eingeschlossen durch eine Mauer verfestigter Gedankenformen.

Vögel können Sie inspirieren und für neue Ideen öffnen.

Es wird Ihre Aufgabe sein, diese Mauer Stein für Stein abzutragen, um den Schatz zu heben.

Die Vögel

Element: Luft
Himmelsrichtung: Osten
Planet: Merkur

Warum halten Sie Vögel? Welche Energien werden durch Vögel in Ihnen angeregt?

Deutung: Die Welt der Vögel ist die der mentalen Ebene. Durch die Gedankenkraft stehen wir mit allen Lebewesen in Kontakt. Für Sie bedeutet dies, sich mit der Entwicklung mentaler Fähigkeiten zu beschäftigen. Dazu zählt die nonverbale Kommunikation, die sich bis zu telepathischen Fähigkeiten ausweiten kann. Vögel fordern Sie auf, sich vom Leben begeistern und höhertragen zu lassen. Sie bedeuten Inspiration und den Wunsch, von etwas begeistert zu sein, sich für neue Ideen zu öffnen. Beweglichkeit des Geistes und Abstand zur festen Welt sind dafür nötig (weiterführende Literatur zum Thema → Seite 62).

Die Katze

Element: Feuer
Himmelsrichtung: Süden
Planeten: Venus, Mond
Warum lieben Sie Katzen? Welche Energien werden in Ihnen durch sie angeregt?
Deutung: Die Katze hatte in der Mythologie stets eine wichtige Stellung. Schon früh finden sich Aussagen über das doppelte Wesen der Katze. Ihr wurde sowohl die venushafte, weibliche Kraft zugeordnet wie auch ein löwenähnlicher, kriegerischer Charakter. Noch Rudolf Steiner sprach davon, dass die Katze einen weiblichen physischen Körper, aber einen männlichen Ätherkörper besitze. Beim Hund sei dies umgekehrt, weshalb sich beide von jeher spinnefeind wären. In der germanischen Mythologie fährt die Göttin Freya in ihrem von Katzen gezogenen Wagen. Freya war sowohl Göttin der Ehe und Fruchtbarkeit, nahm aber auch an Kriegszügen teil. Die Jungfrauen der Freya leben in Weiden und können sich jederzeit in Katzen verwandeln. Somit waren die Katzen Tiere der großen Göttin und wurden den Zauberkräften des Mondes zugeordnet. Katzen haben nicht nur einen scharfen Blick, sondern sowohl ihre Schnurrbart- wie auch die Fellhaare sind überaus sensitiv. Die heilkundigen, medialen Frauen, die Hagedisen (später als Hexen bezeichnet), hatten Katzen um sich und selbst noch die späteren Bader trugen Katzenmäntel, damit ihre Kuren besser anschlagen sollten. Katzen lieben strahlungsaktive Plätze und können deren Energien verwandeln. Noch erwähnenswert wäre, warum ausgerechnet einer schwarzen Katze ein unheilbringender Charakter zugeschrieben wurde: Die schwarze Katze war Sinnbild des Neumondes, der die Wirkung dunkler Kräfte anzeigte. Die weiße Katze galt übrigens als Glück verheißend, denn sie symbolisierte den gütigen, positiven Vollmond. All diese Dinge zeigen, daß Sie als Katzenhalter/in in einem großen energetischen Spannungsfeld leben. Sowohl Ihre Sensibilität ist stark ausgeprägt als auch ihre Reaktionsstärke. Es herrscht also eine starke Intensität in Ihrer Energetik. Sie tragen in sich enorme Energie, die verwandt ist mit der Spannkraft, die Sie an Katzen so bewundern.

Der Hund bringt Antriebskraft und Selbstbewußtsein, aber auch die Konfrontation mit.

Diese Leidenschaftlichkeit bedarf aber auch der Fähigkeit, absolut loslassen, sich entspannen zu können. Spannkraft – Entspannung sind ein Thema für Sie. Beherrschung und Macht spielen eine Rolle in Ihrem Leben. Welchen Freiraum gestehen Sie anderen zu und welcher wird Ihnen zugestanden? Dies betrifft auch die mentale Seite. Haben Sie einmal einen Gedanken gefasst, so gehen Sie mit ihm um und nur schwer können Sie ihn wieder loslassen. Das kann Sie viel Energie kosten, weil bei ihnen Gedanke und Emotion in einem Energiepaket verbunden sind. Dies sind Fragen, die sich durch Ihr Leben ziehen. Die Katze bringt Sie in Verbindung mit Ihrer Individualität, mit Mut, mit den Fähigkeiten der Hände, sowohl praktisch als auch zärtlich zu sein. Heilende Hände und magnetische Fähigkeiten gehören zur Katzenbegabung.

Die Katze steht für Spannkraft und Leidenschaftlichkeit.

Der Hund

Element: Feuer
Himmelsrichtung: Süden
Planet: Mars
Was bedeutet es, wenn ein Hund in Ihr Leben tritt, wenn Sie bevorzugt Hunde halten?
Welche Energien weckt der Hund in Ihnen?
Deutung: Der Hund gehört wohl zu den ältesten Gefährten des Menschen. Er begleitete den Menschen durch das Leben, als Hel-(Unterwelts-) Hund aber auch seine Seele ins Jenseits. Der Hund fungierte als der Türwächter zur Unterwelt. Wie auch die Katze ist der Hund von zwiespältiger Natur, denn sein physischer Kör-

per galt als von männlicher, sein Ätherkörper aber von weiblicher Qualität geprägt. Sein Jagdtrieb und seine Anhänglichkeit kommen so zustande. Die hervorstechendste Sinnesleistung des Hundes liegt in seinem Geruchssinn. Dieser Sinn gehört mit zu den ältesten überhaupt, beim Menschen ist der ältere Teil des Gehirnes, das Limbische System, für ihn zuständig. Immer mehr wird heute deutlich, dass viele »instinktive« Handlungen über den Geruchssinn laufen: Emotionen sind riechbar, Bindungen unter Lebewesen scheinen stark vom Geruchssinn abhängig – und zweifelsohne geht die Bindung zwischen Mensch und Hund auf dieselbe Weise vonstatten. Ebenso wie die Lachse per Geruch ihren weit entfernten Laichplatz wiederfinden, so können auch Hunde über weite Entfernungen ihre Heimat und Familie wiederfinden. Ein Hund bringt den Menschen stets mit der Identifizierung seiner selbst zusammen. Er verhilft dem Halter dazu, sich auf tiefer Ebene selbst zu finden, also das, was man seinem Wesenskern nach wirklich ist. Damit wird es möglich, den eigenen Platz im Leben zu finden. Es geht also um die Themen Lebensgefühl, Umsetzung desselben und Autorität. Der Hund bringt Sie in Kontakt mit Ihrer Antriebskraft und Ihren Aggressionen. Aggression ist eine lebenswichtige, ja überlebenswichtige Kraft, da sie Entwicklungen in Gang setzt und unterhält. Sie ist die Kraft, die uns hilft, Ziele zu formulieren, diese anzustreben und durchzusetzen. Aber sie hilft auch, die eigenen Werte zu verteidigen. Sie ist also Jagd- und Verteidigungstrieb zugleich. Der Hund kann Sie mit der niederen Ebene der unzuträglichen Form von Aggression verbinden, mit dem Trieb, nach den vergänglichen Dingen dieser Erde zu jagen. Er kann Sie aber auch mit der höheren Ebene dieser Kraft verbinden, mit dem Streben nach höheren Werten des Lebens, mit einer Art geistiger Entschlossenheit und Unbestechlichkeit. Es ist die Fähigkeit des klaren Unterscheidungsvermögens, die eng mit dem Geruchssinn verknüpft ist. Mit einem Hund lernen Sie etwas über Ihr wirkliches Selbstbewusstsein, Ihre eigene Autorität, Ihr Selbstwertgefühl und ihre Fähigkeiten, Ihre Wünsche und Gefühle klar und deutlich auszudrücken. Ihre Kräfte werden durch den Hund herausgefordert und manches kann zutage treten, was verborgen im Inneren lag. Schon bei der Auswahl eines Hundes werden sie damit konfrontiert. Und diese Bedürfnisse der Menschen haben wohl dazu geführt, dass beim Hund wie bei keiner anderen Tiergruppe angestrebt wird, das Tier entsprechend den eigenen Bedürfnissen zu »gestalten«. Dies beginnt schon bei der Zucht. Viele Menschen leben über Ihren Hund das aus, was Sie selbst nicht verwirklichen können. Im Umgang mit Hunden können Sie feststellen, ob Emotionen, Denken und Handeln im Einklang stehen. Das Wort und die willentliche Vernunft bewirken nichts, wenn das Gefühl darin nicht klar gefasst und der Körper nicht einbezogen ist. Sie können also Erfahrungen sammeln, wie Sie Ihre Gefühle, Ihr Denken und Ihren Körper am besten ganzheitlich ausdrücken.

Das Pferd

Element: Feuer-Luft
Himmelsrichtung: Süden
Planet: Jupiter
Warum fühlen Sie sich zu Pferden hingezogen? Welche Energien wecken Pferde in Ihnen?
Deutung: Pferde wurden früher als »Atem Gottes« bezeichnet und wegen ihrer Geschwindigkeit dem Wind gleichgesetzt. Sie galten als heilig und jeden Zauber abwehrend. In Persien wurden gar die Könige durch das Wiehern eines heiligen Pferdes bestimmt. Kein Tier war wohl wichtiger für die Entfaltung und Beweglichkeit

der Menschen, als das Pferd. Mit dem Pferd ist daher auch immer das Thema des Aufbruchs und die Eroberung neuer Freiräume verbunden. Es geht um die Herausforderung und Beherrschung von Kräften, weshalb immer auch Macht im Spiel ist. Das Ohr ist ein wichtiges Sinnesorgan des Pferdes. Somit zeigt ein Pferd an, dass es um die Aufnahme neuer Schwingungen geht, um Resonanz und Gleichgewicht im Leben. Ein Pferd trägt uns mit seiner Kraft unseren Visionen und Lebensträumen entgegen. Dazu bedarf es aber der Zügelung und Lenkung des Pferdes. Im Pferd kommen die Welt des Fühlens und die des Denkens zusammen. Wir kennen alle den Widerstreit in uns, der häufig zwischen Gefühl und rationalem Denkvermögen herrscht. Oftmals erleben wir die Ohnmacht des Denkens gegenüber der Macht der Emotionen. Sie fühlen starke Kraft und Macht in sich, die sich impulsiv äußern und Schwankungen in Ihrem Leben hervorrufen. Erfolg und Versagen sind ein Thema für Sie. Sie kämpfen für die Durchsetzung Ihrer Ideen, wozu Sie auch die Energie haben. Beobachten Sie aber genau, was Sie ungezügelt und wild macht, um daraus zu lernen! Unterjochen Sie nicht Ihre inneren Triebkräfte, sondern zähmen und schulen Sie diese. So können Sie Kraft, Ausdauer und Schönheit entfalten – wie das Pferd, das diese Eigenschaften symbolisiert. Sie rufen gerne Dinge ins Leben oder gründen Gesellschaften, denn Sie wissen, dass Sie etwas zu geben haben. Annehmen fällt Ihnen gegenüber dem Geben schwerer. Sie möchten viel in Ihrem Leben bewegen und erschaffen sich hohe Ziele, auf deren Erreichung Sie Ihre ganze Kraft setzen.

Das Pferd hilft, Emotionen zu zähmen und Kraft und Ausdauer zu entfalten.

REGISTER

Die halbfett gesetzten Seitenzahlen verweisen auf Farbfotos und Zeichnungen.

Leopardgeckos sind Erd-Tiere.

Adressen, die weiterhelfen

- Bezugsquelle für Körbler'sche Leintücher:
Ehlers Verlag
Geltinger Str. 14e
82515 Wolfratshausen
Tel. 08171-41846

- Kurse des Autors:
Akademie für Lebensenergie und Biophysikalische Schwingungsmedizin
Geltinger Str.14e
82515 Wolfratshausen
Tel. 08171-418774

Bücher, die weiterhelfen

- Knauss, H.: Das Vogelorakel. Knaur Verlag, München

- Knauss, H.: Die Urkraft der Bäume. Ehlers Verlag, Wolfratshausen

- Sonnenschmidt, R. und Knauss H.: Die Sinne verfeinern. VAK Verlag, Freiburg

- Sonnenschmidt, R.: Das große Praxisbuch der englischen Psychometrie und der Atemenergetik. Ehlers Verlag, Sauerlach

- Sonnenschmidt, R.: Ich mach was draus, kleines Alltagsorakel für Klienten und Patienten. VAK Verlag, Freiburg

- Sonnenschmidt, R. und Wagner, M.: Neues Heilen, Vögel. Ulmer Verlag, Stuttgart

- Sonnenschmidt, R. und Wagner, M.: Kraulschule für zahme Vögel. Ulmer Verlag, Stuttgart

- Sonnenschmidt, R.: Tierkinesiologie. Sonntag Verlag, Stuttgart

- Sonnenschmidt, R.: Heilende Hände für Tiere. Kosmos Verlag, Stuttgart

- Sonnenschmidt, R.: Ganzheitliche Vogeltherapie - Homöopathie und TCM. Sonntag Verlag, Stuttgart

- Sonnenschmidt, R.: Farb- und Musiktherapie für Tiere. Sonntag Verlag, Stuttgart

- Sonnenschmidt, R.: Sensitive Radionik. Ehlers Verlag, Sauerlach

Zeitschriften

- Raum & Zeit
Ehlers Verlag
Geltinger Str. 14e
82515 Wolfratshausen
08171-418774

- Zeitschrift für Ganzheitliche Tiermedizin
Sonntag Verlag
Steiermärker Str. 3-5
70469 Stuttgart
0711-8931-714

Der Autor

Harald Knauss beschäftigte sich schon als Kind intensiv mit Ornithologie und der Haltung von Vögeln. Da er aber auch eine große musikalische Begabung besaß, entschied diese letztendlich die Berufswahl. Er studierte bis 1982 an der Musikhochschule Stuttgart und begann danach eine Karriere als Konzertmusiker.1986 begann er zusätzlich eine mediale Schulung am Arthur Findlay College for Psychic Studies, die seine Orientierung an der tibetischen und chinesischen Philosophie ergänzte. 1992 entwickelte er den Fachbereich der Musikkinesiologie, die er seither am Institut für Angewandte Kinesiologie in Freiburg lehrt. In der heilerischen Zusammenarbeit mit der bekannten Tierkinesiologin und Heilpraktikerin Dr. Rosina Sonnenschmidt kam er wieder in verstärkten Kontakt mit der Tierwelt. Heute lehrt er seine Naturerkenntnis in der »Raum und Zeit«-Akademie in Wolfratshausen und ist ständiger Autor der Zeitschrift »Raum & Zeit«.

Die Zeichnerin

Die Illustrationen stammen von Heidemarie Vignati. Sie studierte Gebrauchsgrafik, Malerei und Schrift an der Akademie der bildenden Künste in Karlsruhe. Heute arbeitet sie in München als Illustratorin, Grafikdesignerin und Art Direktorin.

Das Original mit Garantie

Ihre Meinung ist uns wichtig. Deshalb möchten wir Ihre Kritik, gerne aber auch Ihr Lob erfahren. Um als führender Ratgeberverlag für Sie noch besser zu werden. Darum: Schreiben Sie uns! Wir freuen uns auf Ihre Post und wünschen Ihnen viel Spaß mit Ihrem GU-Ratgeber.

Unsere Garantie: Sollte ein GU-Ratgeber einmal einen Fehler enthalten, schicken Sie uns bitte das Buch mit einem kleinen Hinweis und der Quittung innerhalb von sechs Monaten nach dem Kauf zurück. Wir tauschen Ihnen den GU-Ratgeber gegen einen anderen zum gleichen oder ähnlichen Thema um.

Ihr Gräfe und Unzer Verlag
Redaktion Natur
Stichwort: TierRatgeber
Postfach 860325
81630 München
Fax: 089/41981-113
e-mail:
leserservice
@graefe- und-unzer.de

Fotos: Buchumschlag und Innenteil

Umschlagvorderseite: Wellensittich (o. li.), voll ausgefärbtes Rotstrich-Apistogramma-Männchen (*Apistogramma hongloi*, o. re.), spielender Hund am Wasser (mi.), Karolina-Dosenschildkröte (u. li.), Porträt einer Maine Coon (u.re.).
Umschlagrückseite: Meerschweinchen mit Jungem.
Seite 1: Spielende Hunde.
Seite 2/3: Zwei fressende Hamster.
Seite 4/5: Katze mit Spielzeug.
Seite 6/7: Siamesische Rüsselbarbe (*Crossocheilus siamensis*).
Seite 64: Wellensittich und Kanarienvogel.

Die Fotografen

Anders: Seite 36 mi. re.,
Cramm: Seite 52, 61,
Juniors/Anders: Seite U1 u.li., 16,
Juniors/Neukampf: Seite 37 u.re.,
Juniors/Rohdich: Seite 21,
Juniors/Schanz: Seite 36 mi.li.,
Juniors/ Steimer: Seite 36 u., 47,
Juniors/Wegler: Seite U1 u.re., U2, 13, 37 mi.re., 48, 57,
Juniors/Willerneit: Seite 29,
Kahl: Seite 6/7, 17, 18, 20,
Kuhn: Seite 25,
Linke: U1 o.re.,
Pfeffer: Seite 37 u.li.,
Reinhard: Seite 8, 33, 37 o.li., 44, 64/U3,
Schanz: Seite 4/5, 19 (großes Foto), 24, 28, 37 o.re., 45,
Skogstad: Seite 2/3, 9, 36 o.re., 40, 54,
Steimer: Seite 19 (kleines Foto), 49, 56,
Wegler: Seite U1 o.li., mi., U4.

Impressum

Redaktion:
Sabine Schulz,
Jolanda Englbrecht
Umschlaggestaltung und Layout:
Heinz Kraxenberger
Herstellung:
Ute Hausleiter
Satz: Heide Blut
Reproduktion:
w&co MediaServices
Druck und Bindung:
Stürtz
Printed in Germany

ISBN 3-7742-2083-2

Auflage	4.	3.	2.	1.
Jahr	03	02	01	2000

Von Dr. Rosina Sonnenschmidt, Heilpraktikerin und Tierkinesiologin

Spüren, was Tiere wirklich brauchen

1. Sensitive Übung
Setzen Sie sich gemütlich hin, schliessen Sie die Augen und konzentrieren Sie sich auf das Sonnengeflecht (es liegt oberhalb des Magens). Das ist das Kommunikationszentrum, wo Sie Antworten auf Ihre Fragen an ein Tier bekommen. Warten Sie, bis dort Ruhe einkehrt und stellen Sie sich eine schöne strahlende Farbe oder ein Symbol vor, bewährt hat sich eine Blüte. Dann stellen Sie eine Farbe an Ihr Tier. Bleibt Ihre Farbe oder Ihr Symbol erhalten, bedeutet das ein »Ja«. Jede deutliche Abweichung heißt »Nein«, unklare Veränderungen bedeuten ein »Vielleicht« oder zeigen an, dass sich Ihr Tier noch nicht entscheiden kann. Dann warten Sie eine Weile und wiederholen die Übung.

2. Sensitive Übung
Wenn Sie die Energetik eines Raumes erspüren wollen, in dem Ihr Tier lebt oder leben soll, stellen Sie sich zuerst in die Mitte, dann nach und nach in alle Komfortzonen. Konzentrieren Sie sich für fünf Sekunden auf Ihr Sonnen-